Betonieren
Mauern
Fliesen

Karl H. Schubert

Betonieren
Mauern
Fliesen

4

Inhalt

Betonieren

Beton wird für die Fundamente des Hauses und alle
Bauteile verwendet, an die besondere Anforderungen an
die Festigkeit gestellt werden. Beton läßt sich außerdem
gut gestalten und dadurch an vielen Stellen sinnvoll
einsetzen. Wenn die Arbeitsregeln für die Verarbeitung
und die Statik eingehalten werden, kann auch der
Selberbauer an vielen Stellen des Hauses Beton
verarbeiten.

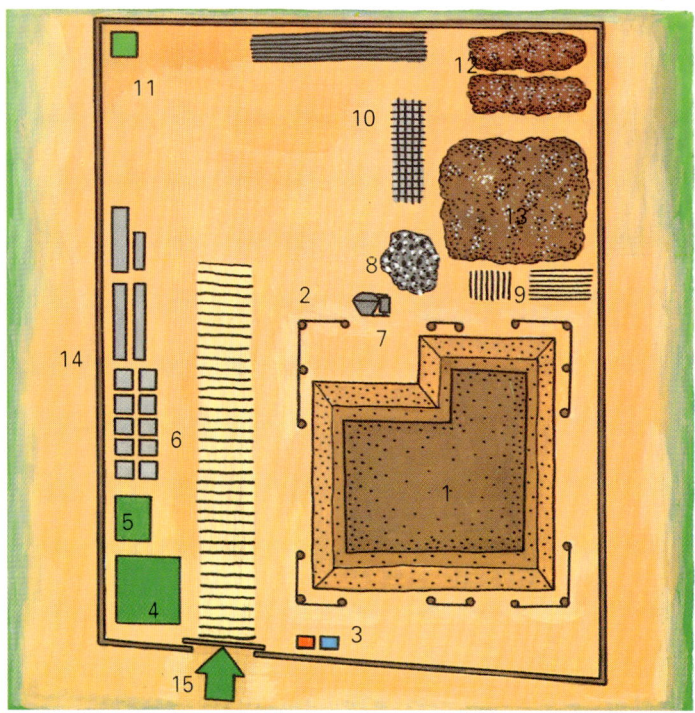

Einrichtungsplan
einer Baustelle:
1 Baugrube
2 Schnurgerüst
3 Baustrom- und Wasser
4 Witterungsschutz für
  empfindliche Baustoffe
5 Aufenthaltsbude
6 Lagerplatz für Steine
  und Baumaterial
7 Mischer
8 Kieslager
9 Gerüstmaterial
10 Baustahllager
11 WC
12 Mutterboden
13 Baugrubenaushub
14 bei Bedarf: Bauzaun
15 Zufahrt

Die Baustelle

Kleine wie große Bauarbeiten sollten gründlich geplant und vorbereitet sein. Nicht nur Neubauten, sondern auch größere Veränderungen an Wohngebäuden, die die Statik, das heißt die Festigkeit des Hauses beeinträchtigen können, müssen von der zuständigen Baubehörde vor Beginn der Bauarbeiten genehmigt werden. Das gleiche gilt auch für Arbeiten, die das Äußere eines Hauses verändern, beispielsweise der Einbau größerer Fenster oder die Verkleidung der Fassade mit Verblendmauerwerk. Zum Stellen eines Bauantrages beim Bauamt ist die Hilfe eines Fachmanns erforderlich, das kann ein Architekt, ein Bauingenieur oder

ein Baumeister sein. Bei Zweifeln, ob eine geplante Baumaßnahme genehmigungspflichtig ist, sollte man vor Beginn der Arbeiten beim Bauamt anfragen. Das kostet nichts. Stellt sich dagegen später heraus, daß die Baumaßnahme genehmigungspflichtig war, kostet es mindestens ein Bußgeld, im schlimmsten Fall kann es sogar passieren, daß man das mit viel Arbeit und Kosten Gebaute wieder abreißen muß. Auch wenn eine Genehmigung nicht erforderlich ist, empfiehlt sich eine sorgfältige Planung. Wenn nötig, wird eine möglichst genaue Zeichnung der Bauarbeiten angefertigt. Daraus läßt sich dann ermitteln, welche Baustoffe benötigt werden und welche Mengen. Bevor die Baustoffe bestellt oder ge-

holt werden, sollte die Baustelle eingerichtet werden. Das bedeutet, daß Lagerplatz für die vielen Baustoffe entsteht, daß Strom- und Wasseranschlüsse geschaffen werden und daß Maschinen und Geräte, beispielsweise eine Mörtelmischmaschine, zur Verfügung stehen. Denken Sie bei größeren Bauvorhaben auch an eine abschließbare Schutzhütte für feuchtigkeitsempfindliche Materialien wie Zement sowie für die Arbeitsgeräte. Sollten Sie ein größeres Bauwerk planen, etwa eine Garage oder sogar ein Wohnhaus, empfiehlt es sich, einen Plan für die Einrichtung der Baustelle zu machen und damit geeignete Plätze für das Material und die erforderlichen Einrichtungen vorzusehen. Noch ein Hinweis, der zwar nicht mit den praktischen Arbeiten zusammenhängt, aber sehr wichtig werden kann: Größere Arbeiten sollten bei der zuständigen Bauberufsgenossenschaft angemeldet werden, insbesondere auch dann, wenn Freunde oder Bekannte mithelfen. Die Bauberufsgenossenschaft übernimmt für einen verhältnismäßig geringen Beitrag die Versicherung für alle am Bau Beteiligten. Damit ist das Unfallrisiko abgedeckt, das sonst der Bauherr alleine trägt. Bei genehmigungspflichtigen Arbeiten wird dem Bauherrn zusammen mit der Baugenehmigung ein Anmeldeformular der Bauberufsgenossenschaft zugeschickt, das er ausfüllen und der Berufsgenossenschaft zurückschikken muß.

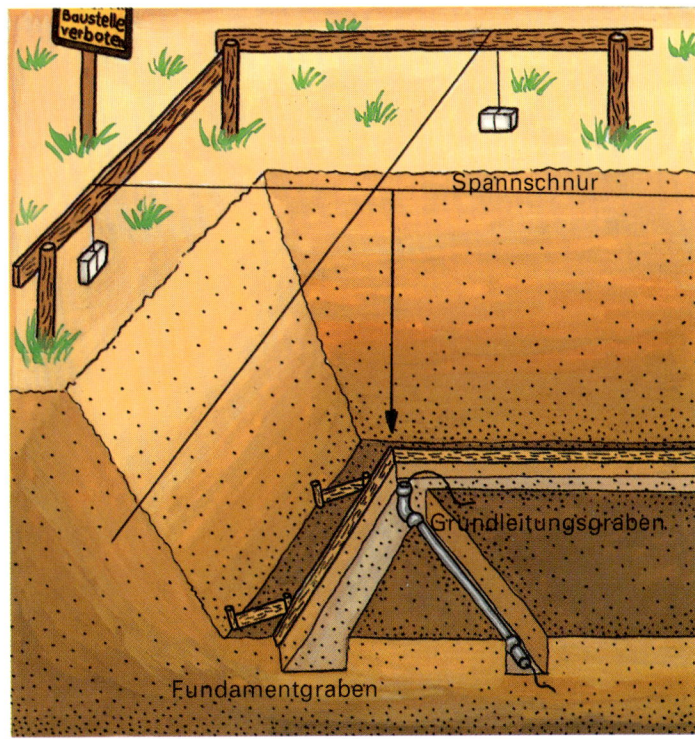

Einmessen der Fundament- und Grundleitungsgräben

Die Baugrube

Eine der ersten Überlegungen bei einem fortgeschrittenen Selbermacher ist häufig: Kann ich die Arbeiten selber durchführen, brauche ich dazu Geräte oder Maschinen, oder muß ich mir bei der Arbeit helfen lassen? Bei der Baugrube kann man diese Frage recht leicht beantworten. Bei Arbeiten, bei denen etliche Kubikmeter Erdreich bewegt werden müssen, wie beim Aushub einer Grube für ein Einfamilienhaus, würde man an der falschen Stelle sparen, wenn man die Arbeiten von Hand verrichten würde. Für den Baugrubenaushub ist die beste Lösung ein Fachbetrieb mit

Bagger oder Raupe. Wenn dagegen beispielsweise für eine Garage oder einen Anbau Gräben für Streifenfundamente ausgehoben werden müssen, kann man das durchaus von Hand mit Spaten und Schaufel erledigen. Lagern Sie den Mutterboden und den Erdaushub getrennt voneinander. Mutterboden ist wertvolles Material, das später bei der Gartenanlage benötigt wird. Der restliche Erdaushub wird zum Teil zum Verfüllen der Baugrube benötigt, ein Teil muß unter Umständen abgefahren werden. Berücksichtigen Sie bei der Baugrube, daß rings um das Bauwerk ein ausreichender Arbeitsraum geschaffen wird. Das bedeutet, daß in

der Grube außerhalb der Kelleraußenwände mindestens 50 cm Platz zum Arbeiten zur Verfügung stehen. Außerhalb der Baugrube, im Bereich der Außenkanten des Gebäudes, werden Schnurgerüste eingerichtet. Damit können Schnüre entlang den geplanten Außenwänden gespannt werden, die Kreuzungspunkte der Schnüre markieren jeweils die Hausecken. Es ist nun möglich, die Außenmaße der Fundamente und damit des Hauses zentimetergenau festzulegen, ebenso die erforderlichen Höhen. Nach dem Ausschachten der Baugrube und dem Errichten des Schnurgerüstes werden die Fundament- und Grundleitungsgrä-

Ausschachten der Fundamentgräben von Hand

Fundamente

Häuser sollen sicher stehen und nicht im Boden einsinken. Das erreicht man dadurch, daß man sie auf verbreiterten Fundamenten baut, dadurch ergibt sich ein standsicherer Untergrund. Üblicherweise verwendet man unter Wänden Streifenfundamente und unter Stützen oder Pfeilern Einzelfundamente. Diese Vergrößerung der Standfläche des Gebäudes genügt in der Regel, um Setzungen und damit die Gefahr von Rissen in den Wänden zu vermeiden und das Haus standfest zu machen. Bei Gebäuden ohne Keller wird häufig ein bewehrtes Plattenfundament hergestellt. Dabei wird die Last auf die gesamte Grundfläche verteilt und die Belastung des Untergrundes verringert. Dadurch ist es möglich, als Untergrund eine verdichtete Sandaufschüttung zu verwenden. Durch diese Bauweise können gegenüber einer Gründung mit Keller oft erhebliche Kosten eingespart werden.

ben von Hand ausgeschachtet. Die Lage der Grundleitungen ergibt sich aus dem Entwässerungsplan des Hauses beziehungsweise aus der Lage der Abflußleitungen in Bad und Küche. Die Breite und Tiefe der Fundamentgräben sind mit der statischen Berechnung des Gebäudes festgelegt worden. Die Fundamentgräben werden möglichst scharfkantig mit senkrechten Wänden hergestellt.

Größere seitliche Abbrüche im Erdreich werden durch Schalbretter ausgeglichen. Die Fundamentsohle muß waagerecht und eben sein. Beim Ausschachten der Fundamentgräben von Hand empfiehlt es sich, beiderseits des Grabens Bohlen auszulegen, die das genaue Abstechen erleichtern.

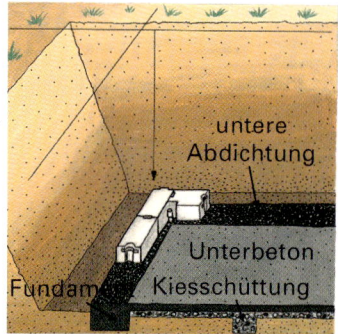

Die Fundamente sind fertig, es kann gemauert werden

Grundleitungen

Die Grundleitungen stellen die Verbindungen der Entwässerungsleitungen im Haus mit dem Straßenkanal her. Wenn sie unter der Kellersohle liegen, müssen sie vor dem Betonieren der Streifenfundamente und der Bodenplatte verlegt werden. Dazu werden entsprechend dem Lageplan in der Baugrube Gräben ausgehoben. Die Grundleitungen sollten sehr sorgfältig verlegt werden, da spätere Änderungen wegen der überdeckenden Betonschicht nur schlecht möglich sind. Sie werden in einem Kies- oder Sandbett mit einem Gefälle von 1:50 in Richtung Straßenkanal verlegt. Die Durchmesser der Grundleitungen und die benötigten Reinigungsöffnungen ergeben sich aus dem Entwässerungsplan. Offene Rohrenden werden mit Papier verstopft, damit sich die Rohre nicht durch Bauschutt oder Zement zusetzen können.

Die Gefällebezeichnungen bedeuten	
1:100	1 cm Gefälle auf 1 m Rohrleitung
1:50	2 cm Gefälle auf 1 m Rohrleitung
1:33	3 cm Gefälle auf 1 m Rohrleitung
1:20	5 cm Gefälle auf 1 m Rohrleitung

Schlauchwaage

Höhenmessung mit der Schlauchwaage. Eine Hilfshöhe ist eine fest montierte Latte, die einen Bezugspunkt für Messungen hat

Höhenmessung in der Baugrube

Schon beim Herstellen der Baugrube ergibt sich, wie später auch immer wieder am Bau, das Problem, die Höhen an weit auseinanderliegenden Punkten zu messen und zu kontrollieren. Dazu benutzt man eine Schlauchwaage. Sie besteht aus einem beliebig langen Wasserschlauch, an dessen beiden Enden jeweils ein Stück durchsichtiges Rohr angeschlossen ist. Ebensogut kann man auch einen durchsichtigen Kunststoffschlauch verwenden. Die Enden werden hochgehoben, und der Schlauch wird mit Wasser gefüllt. Da das Wasser an beiden Seiten in den durchsichtigen Rohren immer gleich hoch steht, kann man Höhen mit der Schlauchwaage sehr genau auch über größere Entfernungen übertragen.

Betonieren der Fundamente

Zum Verlegen der Grundleitungen wird Sand oder Kies benötigt. Bei der Bestellung wird zusätzlich zur benötigten Menge so viel kalkuliert, daß der Kies für eine 5 cm dicke Sauberkeitsschicht in den Fundamentgräben und unter der Bodenplatte ausreicht. Durch die Sauberkeitsschicht wird verhindert, daß sich der frische Beton beim Einbringen mit der obersten Erdschicht vermischt

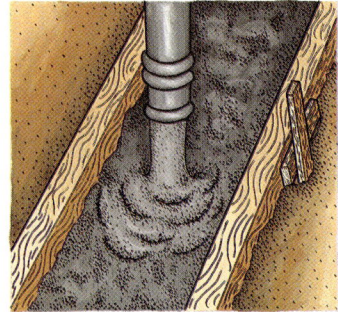

Einbringen des Betons mit der Betonpumpe

und sich in der Qualität verschlechtert. Häufig wird zusätzlich eine 5 bis 10 cm dicke Sauberkeitsschicht aus Beton eingebracht. Dadurch wird erreicht, daß die Bewehrung ringsum mit Beton umhüllt ist. Als nächstes wird die Bewehrung eingebaut, das sind Stahlmatten und Moniereisen entsprechend der statischen Berechnung. Von den Angaben der Statik sollte nicht abgewichen werden. Als Beton wird meist Transportbeton verwendet, weil sich dadurch die Güte genau einhalten läßt. Beim Mischen von Hand, vor allem bei größeren Mengen, entstehen zu große Schwankungen in der Beschaffenheit des Betons. Der Beton wird mit der Rutsche des Transportmischers an die gewünschte Stelle gebracht, weiter entfernte Stellen werden von Hand mit der Schubkarre versorgt. Unter Umständen ist auch der Einsatz einer Betonpumpe erforderlich, dann muß Beton weicherer Konsistenz verwendet werden. Beim Einbringen und unmittelbar danach wird der Beton verdichtet. Selberbauer erledigen

das meist durch Stampfen. Wenn ein entsprechendes Gerät zur Verfügung steht, kann auch mit einem Rüttler verdichtet werden. Beim Verdichten durch Stampfen sollte der Beton höchstens in Lagen von 15 bis 20 cm Dicke eingebracht und jeweils verdichtet werden. Die bei den einzelnen Lagen gestampften Flächen müssen sich überlappen, damit der Beton gleichmäßig verdichtet wird und keine Trennfugen entstehen. Die Verdichtung ist beendet, wenn an der Oberfläche Wasser austritt. Nach dem Verdichten wird die Oberfläche eben abgezogen und mit der Wasserwaage kontrolliert. Nach Möglichkeit sollen keine Arbeitsfugen durch längere Unterbrechung der Arbeit entstehen. Wo es nicht zu vermeiden ist, werden die Anschlüsse abgeschrägt oder abgetreppt. Vor dem weiteren Einbringen von Beton müssen die Anschlußflächen aufgerauht und gereinigt werden.

Fundamenterder

Beim Betonieren der Streifenfundamente wird bei einem Wohnhaus oder einer Garage der Fundamenterder mit eingelegt. Das ist ein verzinkter Bandstahl oder Rundstahl, der später mit dem Schutzleiter der elektrischen Anlage des Hauses verbunden wird. Da sich der elektrische Widerstand des Betons dem des Erdbodens annähert, ist eine gute Erdung gewährleistet. Der Fundamenterder ist durch den Beton gegen Korrosion geschützt.

Beton – Material und Verarbeitung

Beton wird verwendet, um Fundamente, Boden- und Deckenplatten oder andere Bauteile herzustellen, bei denen besondere Anforderungen an die Festigkeit oder an die Formgebung gestellt werden. Beton wird aus Zement, Wasser und Kies hergestellt, für Leichtbeton kann als Zuschlag auch Bims oder Blähton verwendet werden. Der Beton kann je nach der gewünschten Festigkeit mit oder ohne das Einlegen von Baustahl verarbeitet werden. Die Verwendung von Baustahl nennt man Bewehrung, der Beton wird dann Stahlbeton genannt. Der Beton kann auf der Baustelle hergestellt werden oder fertig gemischt von Betonwerken als Transportbeton bezogen werden. Das Anmischen des Betons auf der Baustelle ist nur bei kleineren Mengen sinnvoll, wenn geringe Anforderungen an die Qualität und Festigkeit gestellt werden. Zur Herstellung von tragenden Bauteilen wie Decken sollte Transportbeton genommen werden, der in seiner Zusammensetzung besser kontrolliert werden kann. Für solche statisch beanspruchten Bauteile werden bei der Herstellung aus dem verwendeten Beton Probekörper gegossen, die nach 28 Tagen in einem Labor überprüft werden, ob sie eine ausreichende Festigkeit haben. Das Prüfzeugnis mit dem Ergebnis dieser Prüfung muß bei der Abnahme des Gebäudes durch das Bauamt vorgelegt werden. Die Verarbeitbarkeit des Betons hängt von seinem Zement- und Wassergehalt ab, je mehr Wasser und Zement zum Anmischen genommen wird, desto dünnflüssiger ist er. Der Baufachmann unterscheidet vier Konsistenzbereiche, das sind Bereiche unterschiedlicher Steifigkeit. Steifer Beton, der bei der Verarbeitung erdfeucht und krümelig ist, gehört zum Konsistenzbereich KS. Beim Verdichten mit einem Stampfer wird seine Oberfläche glatt und feuchtglänzend und schließt sich. Im plastischen Konsistenzbereich KP ist der Beton in seiner Masse bei der Verarbeitung zusammenhängender und weicher. Er kann durch Stochern mit einer Latte oder Stampfen gut verdichtet werden. Der weiche Beton im Konsistenzbereich KR kann gut durch Klopfen an der Schalung oder durch Stochern verdichtet werden. KR ist die durchweg verwendete Konsistenz zum Gießen auf der Baustelle. Durch Zugabe von Betonverflüssigern kann die Fließfähigkeit des Betons verbessert werden. Besonders fließfähiger Beton wird mit dem Kürzel KF bezeichnet.

Konsistenz von Beton	
Bezeichnung	Eigenschaft
KS	steif
KP	plastisch
KR	weich
KF	fließfähig

Nach den Anforderungen an die Herstellung und Überwachung wird Beton in 2 Gruppen eingeteilt: B I und B II. Diese Unterscheidung ist für einen Selberbauer von geringer Bedeutung. Wichtiger ist die Unterscheidung nach den 7 Festigkeitsklassen. Die Bezeichnung besteht aus einem B und der Angabe der Druckfestigkeit in MN/m^2 (Meganewton pro Quadratmeter). In der statischen Berechnung für tragende Bauteile wird festgelegt, welche Festigkeitsklasse der verwendete Beton haben muß. Beton mit vorgeschriebener Festigkeitsklasse sollte als Transportbeton bezogen werden.

Festigkeitsklassen von Beton	
Festigkeitsklasse	Anwendung
B 5 B 10	nur für unbewehrten Beton
B 15 B 25 B 35 B 45 B 55	für unbewehrten und bewehrten Beton

Mischen von Beton

Handmischung
Bei der Herstellung geringer Mengen der Festigkeitsklasse B 5 und B 10 ist die Handmischung erlaubt. Es wird eine saubere Mischunterlage benötigt, eine Blechplatte ist beispielsweise gut geeignet. Der Kies und der Zement werden mindestens 2mal trocken bis zur gleichmäßi-

Größere Mengen Mörtel werden mit der Maschine gemischt

gen Graufärbung gemischt. Mit einer Gießkanne wird unter ständigem weiteren Mischen Wasser zugegeben und noch 2mal durchgemischt, bis ein gleichmäßiger Beton entsteht.

Mischen mit der Maschine
Das Mischen mit der Maschine ist günstiger, weil die Bestandteile besser miteinander vermischt werden und dadurch die Qualität des Betons verbessert wird. Die Mischzeit soll mindestens eine Minute betragen. Sand, Zement und Wasser werden unmittelbar nacheinander in die Mischmaschine gegeben, trockenes Vormischen ist nicht erforderlich. Eine Mischmaschinengröße von 250 l entspricht etwa 1/6 m^3 Festbeton. Für 1 m^3 Fertigbeton werden etwa 1,3 m^3 Kies, etwa 2 t, benötigt.

Mischungsverhältnisse
Um die Festigkeitseigenschaften des Betons vorherbestimmen zu können, müssen für jede Festigkeitsklasse die Mischungsverhältnis-

Baustoffbedarf für Beton				
Klasse	Kon-sistenz	Mischung in kg Zement:Kies	Baustoffbedarf für 1 m³ verdichteten Beton in kg Zement	Kies
B 5	KS	1:15	140	2050
B 10	KS	1:10	190	1950
B 15	KP	1:6,7	280	1870
B 15	KR	1:5,5	320	1770
B 25	KP	1:5,4	340	1820
B 25	KR	1:4,6	380	1740

se recht genau eingehalten werden. Dabei sollen Zement und Kies nach Masseteilen (entspricht Gewichtsteilen) abgemessen werden, Kies darf bei Beton der Klasse B I auch nach Raumteilen gemessen werden. Auf einer kleinen Baustelle ist das Abmessen nach Masseteilen recht schwierig, so daß in der Praxis die Betonbestandteile doch mit der Schaufel, also nach üblichen Raumteilen gemessen werden. Die Werte in der Tabelle oben sind Anhaltswerte für eine günstige Zusammensetzung des Kieses. Bei feinem Kies muß 10 bis 20 % mehr Zement genommen werden. Für Fundamente ohne besondere Belastung, für Sockel oder andere Bauteile kann man sich das Abmessen vereinfachen, indem man die Anteile nach Volumen mit einem trockenen Eimer abmißt. Auf 1 Eimer Zement nimmt man 5 Eimer Kies. Für alle anderen Zwecke nimmt man auf 1 Eimer Zement 4 Eimer Kies. Als Anmachwasser kann Leitungs- oder Regenwasser verwendet werden. Wasser mit organischen Bestandteilen, wie es bei Oberflächenwasser häufig vorkommt, ist nicht geeignet. Bei Bedarf können dem Anmachwasser Betonzusatzmittel wie Betonverflüssiger, Luftporenbildner und andere zugegeben werden.

Verdichten

Der frisch eingebrachte Beton enthält Hohlräume und Luftblasen, die nach dem

Verdichten des Fundaments durch Stampfen

Aushärten die Festigkeit verringern können. Beton muß deshalb verdichtet werden, damit er ein gleichmäßiges Gefüge erhält. Steifer Beton (KS) wird durch Stampfen verdichtet. Dafür kann ein Stampfer oder, bei kleinen Mengen, eine Latte benutzt werden. Der Beton wird in Schichten bis zu 15 cm Dikke eingebracht, bei zu dicken Schichten reicht die Stampfwirkung nicht aus. Es wird so lange gestampft, bis der Beton an der Oberfäche feucht wird und sich eine geschlossene Oberfläche bildet. Besonders sorgfältig wird längs der Schalung und in den Ecken gestampft. Der Beton soll so weit verdichtet werden, daß ein vorsichtig aufgesetzter Fuß kaum einen Eindruck hinterläßt. Plastischer Beton (KP) kann durch Rütteln mit einem motorgetriebenen Rüttler verdichtet werden; wenn kein Rüttler vorhanden ist, kann auch mit einem Stampfer gearbeitet werden. Weicher Beton (KR) wird mit einer Latte gestochert, daß die in ihm enthaltene Luft nach oben entweichen kann, oder durch Klopfen an der Schalung verdichtet. Er soll nicht gerüttelt werden. Fließbeton mit Verflüssiger kann ohne Verdichtung eingebracht werden.

Verarbeitungszeit

Der Beton soll sofort nach dem Anmischen oder, bei Transportbeton, nach der Anlieferung verarbeitet werden. Er muß verdichtet sein, bevor er beginnt, steif zu werden.

Schutz vor Austrocknen

Damit der Beton beim Aushärten seine volle Qualität erreicht, muß er vor dem Austrocknen geschützt werden. Zu schnelles Trocknen verringert die Festigkeit, verschlechtert die Oberflächenqualität und kann zu Rissen führen. Besonders bei warmem Wetter wird er immer wieder mit Wasser feucht gehalten. Bei starker Sonneneinstrahlung wird er zusätzlich abgedeckt. Der frische Beton muß bis zu 7 Tagen feucht gehalten werden.

Ausschalen

Wenn für tragende Teile eine Schalung gebaut wurde, darf diese Schalung erst entfernt werden, wenn der Beton ausgehärtet ist. Die Aushärtezeit beträgt 30 Tage. Bei anderen Betonteilen kann die Schalung schon nach 2 bis 3 Tagen entfernt werden, wenn keine Gefahr der Beschädigung oder Zerstörung, beispielsweise durch das Eigengewicht, besteht. Die ausgeschalten Teile dürfen aber wiederum erst nach dem Aushärten voll belastet werden. Tritt während der Erhärtung des Betons Frost auf, muß die Wartezeit um die Dauer der Frostperiode verlängert werden.

Profilierter Betonstabstahl

Betonstahl

Beton hat eine sehr hohe Druckfestigkeit, das heißt, er kann hohen Belastungen ausgesetzt werden. Zugspannungen dagegen kann Beton nur in sehr geringem Maß aufnehmen. Übersteigen sie seine Zugfestigkeit, reißt der Beton. Da in einem Betonträger oder der Betondecke eines Hauses immer Zugspannungen auftreten, wird in derart belastete Bauteile Stahl mit eingebaut, der die Zugspannungen aufnimmt. Die Lage des Stahls, die Mindestzugfestigkeit und die erforderlichen Durchmesser werden in der statischen Berechnung festgelegt, die Bestandteil der Unterlagen für die Baugenehmigung ist. Ein Abschätzen ist nicht möglich und nach den Bauvorschriften auch nicht erlaubt. Das Einlegen von Betonstahl ohne Berechnung ist nur bei untergeordneten Bauteilen zulässig, wenn keine Ansprüche an die Festigkeit gestellt werden. Ein Beispiel dafür wäre ein Gartengrill, bei dem durch das Einlegen von Betonstahl in das Fundament erreicht werden soll, daß es unter der Belastung des Grills nicht reißt. Der Betonstahl ist nicht rostgeschützt. Das ist auch nicht nötig, da er im eingebauten Zustand vollständig von Beton umschlossen sein soll, dadurch ist ein sehr guter Rostschutz gegeben.

Betonstahl gibt es in drei Lieferformen:
- Betonstäbe mit einem Durchmesser von 8 bis 28 mm und in Längen von 12 bis 15 m. Die Stäbe haben eine gerippte Oberfläche, damit sie mit dem Beton eine feste Verbindung eingehen.
- Betonmatten, in denen Stäbe von 4 bis 12 mm Durchmesser kreuzweise miteinander verschweißt sind. Die Stababstände sind 100, 150 oder 250 mm, es gibt Einfachstäbe oder Doppelstäbe aus zwei dicht nebeneinander liegenden Stäben mit dem gleichen Durchmesser.
- Bewehrungsdraht im Durchmesser von 4 bis 12 mm, der mit glatter oder profilierter Oberfläche in Ringen erhältlich ist. Der Betonstahl wird in zwei Festigkeitsgruppen geliefert, Festigkeitsgruppe III mit einer Mindestzugfestigkeit von 500 N/mm^2 sowie Festigkeitsgruppe IV mit einer Mindestzugfestigkeit von 550 N/mm^2.

Die Mindestzugfestigkeit von 500 N/mm^2 bedeutet, daß ein Draht mit einem Querschnitt von 1 mm^2 mit mindestens 500 N belastet werden kann, bevor er reißt.
- N (Newton) ist die Maßeinheit für Kraft und Gewicht.
- 10 N entsprechen 1 kg, 500 N entsprechen also 50 kg.

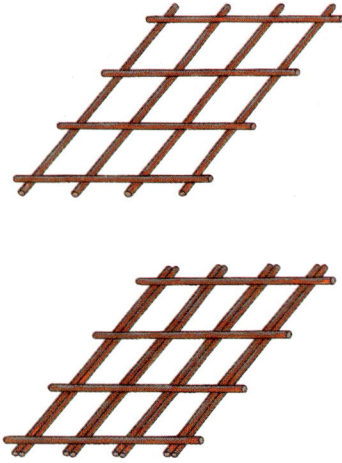

Baustahlmatten mit Einfach-
und Doppelstäben

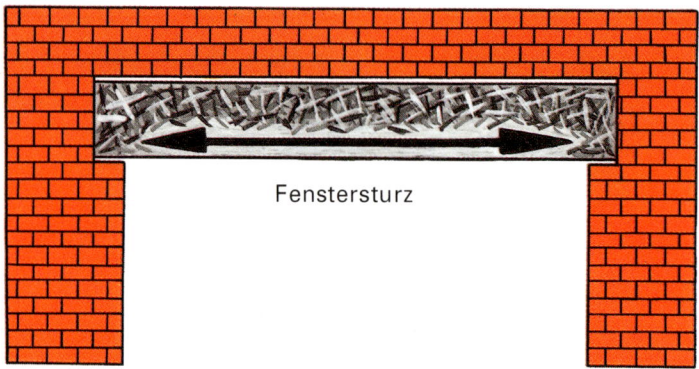

Bei einem Fenstersturz tritt die Zugspannung unten auf, dort
muß der Betonstahl eingebaut werden

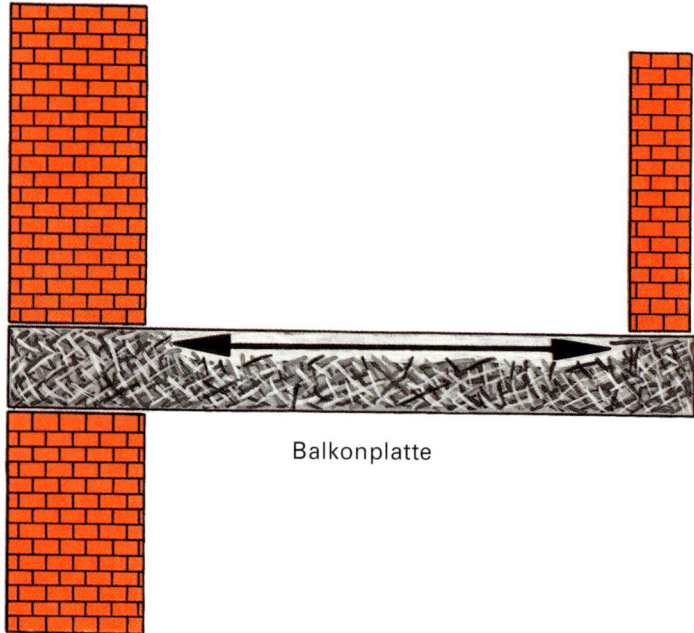

Beim überstehenden Kragarm, beispielsweise bei einer Balkonplatte, tritt die Zugspannung oben auf, dort muß also auch der
Betonstahl liegen

Bewehrungsarbeiten

Die Lage, die Form und die Art der Verlegung des Betonstahls werden der Statik und der dazugehörigen Bewehrungszeichnung entnommen. Darüber hinaus müssen bei der Arbeit einige Regeln beachtet werden. Betonstahl muß immer dort in einem Bauteil eingelegt werden, wo die Zugspannungen auftreten. Das kann, je nach der Art der Belastung, im unteren Bereich sein, wie bei einem Fenstersturz. Dort tritt die Belastung durch das darüberliegende Mauerwerk in der Mitte von oben auf. Sie verursacht eine Druckbelastung im oberen Bereich des Sturzes und eine Zugbelastung im unteren Teil. Bei dem skizzierten Kragarm einer Balkonplatte tritt die Zugspannung im oberen Bereich der Betonplatte auf. Die Lage des Betonstahls ist deshalb beim Einbau sorgfältig zu beachten und mit Bindedraht und Abstandhaltern zu sichern. Werden bei den Betonierarbeiten die obenliegenden Stahlstäbe heruntergedrückt, wird das nach der statischen Berechnung erforderliche Maß nicht mehr eingehalten. Die Festigkeit ist dadurch verringert. Die Tragfähigkeit der Balkonplatte kann sich bei einer Verschiebung der oberen Bewehrung um 2 cm um 20 % verringern. Die obere Bewehrung kann vor dem Betonieren oder erst beim Einbringen des Betons auf die Abstandhalter gelegt werden. Sie darf nicht ohne Unterstützung in den Frischbeton ge-

1

2

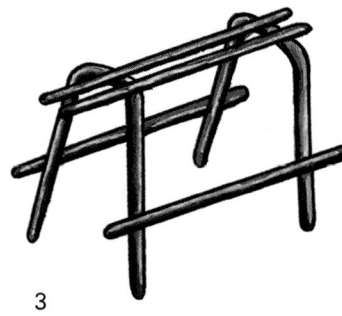

3

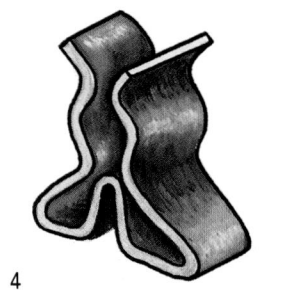

4

Abstandhalter für Betonstahl:
1 Kunststoffabstandhalter für
  verschiedene Durchmesser
2 Betonklötzchen für liegende
  Bewehrung
3 Abstandhalter aus Stahl
4 Kunststoffabstandhalter

drückt werden, da ihre Lage dann nicht mehr kontrolliert werden kann. Abstandhalter gibt es in verschiedenen Bauformen aus Kunststoff, Beton oder Stahl. Die Bilder auf dieser Seite zeigen Beispiele. Die Entfernung der Abstandhalter liegt je nach Stahldurchmesser zwischen 50 und 100 cm. Sie werden zwischen Bewehrung und Schalung geschoben oder auf die Stäbe festgeklemmt. Sie gewährleisten eine Mindestüberdeckung des Stahls mit Beton und den richtigen Abstand der Stäbe und Matten voneinander.

Arbeitsregeln

Betonstahl muß ringsum ausreichend dick mit Beton umgeben sein, damit er vor Korrosion geschützt ist. Vor der Verwendung wird Bewehrungsstahl von losem Rost, Schmutz und Fett gereinigt, damit er sich fest mit dem Beton verbindet. Stahlstäbe, Stahlmatten und Abstandhalter müssen so fest miteinander verbunden werden, daß sie sich beim Betonieren unter keinen Umständen verschieben können.
Um die Betonstahlstäbe der Bewehrung miteinander zu verbinden, benutzt man Bindedraht. Das ist Stahldraht mit einem Durchmesser von 1 bis 1,4 mm. Der Bindedraht wird mit einer Armierzange verarbeitet, eine gewöhnliche Kneifzange tut es auch. Die Verbindungsstellen werden mit einer oder zwei Drahtschlaufen umwickelt, der Draht wird dann mit der Zange straff angezogen, damit eine feste Verbindung entsteht.

Schalung

Wenn Beton nicht wie in Fundamentgräben im gewachsenen Erdreich verbaut wird, benötigt man eine Schalung. Der Bau einer Schalung setzt Erfahrung voraus, da der frische Beton große Druckkräfte auf den Boden und die Seiten der Schalung ausübt. Wenn die Schalung nicht ausreichend stabil gebaut und unterstützt wird, kann sie beim Einbringen des Betons zusammenstürzen. Für größere Schalungen, beispielsweise eine Geschoßdecke in einem Wohnhaus, sollte man einen Fachmann zu Rate ziehen. Die Schalung kann aus glatten Brettern oder aus Brettern mit Nut und Feder gebaut werden. Je nach gewünschter Oberflächenbeschaffenheit des fertigen Betonteils können sägerauhe oder gehobelte Bretter verwendet werden. Für größere Flächen werden Schaltafeln genommen. Schaltafeln sind fertige Platten aus gehobelten Fichtenholzbrettern in der Größe 50 cm x 150 cm, 22 mm dick, die an den Stirnseiten durch eine Stahlschiene zusammengehalten werden. Sie eignen sich für viele Zwecke auf einer Baustelle und sind im Baustoffhandel preiswert erhältlich. Darüber hinaus gibt es noch weitere Schalplatten aus Sperrholz und Tischlerplatten. Alle Schalbretter sollen sauber und frei von anhängenden Betonresten verwendet werden. Um ein Anhaften des Betons an den Schalbrettern zu verhindern, kann vor dem Einbau ein Trennmittel aufgesprüht werden. Das Trennmit-

Einschalen eines Sturzes

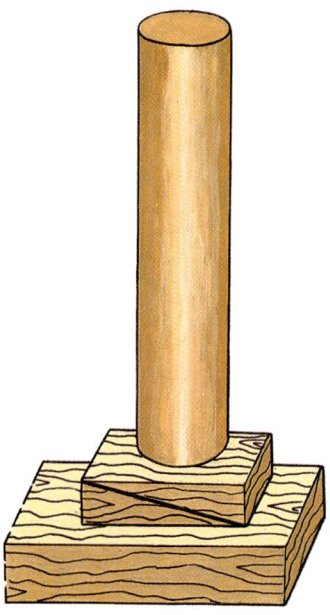

Stützen stehen auf einer Bohle, die Höhe wird mit zwei Keilen ausgeglichen

tel ist ein besonders geeignetes Fett oder Öl. Dadurch wird die Haftung zwischen Beton und Holz vermindert und das Ausschalen erleichtert. Auf den Bewehrungsstahl darf kein Trennmittel gelangen, da sonst die Haftung zwischen Beton und Stahl verlorengeht. Für die Unterkonstruktion der Schalung und die Stützen werden Kanthölzer verwendet. Stahlrohrstützen haben eine Ausziehvorrichtung und lassen sich in der Länge anpassen. Um die Druckkräfte des Betons sicher auf den Untergrund zu übertragen, müssen die Stützen eine unverrückbare Unterlage aus Kanthölzern oder Bohlen haben. Ein Abstützen auf lose Ziegel, mit Fässern oder anderen behelfsmäßigen Konstruktionen ist verboten. Zum genauen Höhenausgleich stehen die Stützen auf Doppelkeilen, die auch später das Ausschalen erleichtern. Die Keile werden immer paarweise verwendet, ein einzeln untergeschobener Keil kann die Stütze abrutschen lassen.

Die Oberfläche von Beton bearbeiten

Sichtbare Betonflächen kann man auf viele unterschiedliche Arten bearbeiten, um eine schönere Oberfläche zu erhalten. Da sich frischer Beton der Schalung anpaßt, kann man bereits mit dem Material der Schalung die Oberfläche beeinflussen. So kann man mit sägerauhen Brettern eine rauhe Oberfläche erhalten, mit glatten wird die Fläche glatt.

Waschbeton

Für Gehwegplatten oder andere Betonteile im Garten wird die Oberfläche häufig als Waschbeton ausgeführt. Bei Waschbeton sind die Oberflächen der im Beton liegenden Kiesel nicht mehr von Zement überdeckt und dadurch sichtbar. Um eine solche Oberfläche zu erhalten, muß das Betonteil vor dem Erhärten ausgeschalt werden, damit feine Kiesbestandteile und der Zement von der Oberfläche abgewaschen werden kann. Das Auswaschen soll nach etwa 12 bis 14 Stunden erfolgen. Man benutzt eine Wurzelbürste oder eine Drahtbürste und viel Wasser zum Abwaschen, dabei dürfen die Kiesel im Durchmesser nur zu einem Drittel freigelegt werden, da sie sich sonst lockern. Durch die Auswahl der Körnung und der Farbe des Kieses kann man unterschiedliche Arten von Waschbeton herstellen.

Struktur in der Oberfläche

In frische Betonoberflächen können mit unterschiedlichen Werkzeugen Muster geformt werden. So kann mit der Kelle ein Kellenstrich gezogen werden wie in einer geputzten Wand. Mit einem harten Straßenbesen kann die Oberfläche mit einem gleichmäßigen Strichmuster aufgerauht werden, indem man mit dem sauberen Besen Bahn um Bahn durch den frischen Beton zieht. Auch mit anderen Werkzeugen und Gegenständen kann man die Betonoberfläche nach Lust und Laune strukturieren.

Wasserdurchbrüche abdichten

Betonwände sind grundsätzlich wasserdicht. Es stellt sich aber immer wieder in der Praxis heraus, daß durch nachlässiges Betonieren, durch Kiesnester im Beton oder durch Arbeitsfugen undichte Stellen entstehen. Besonders bei drückendem Wasser bilden sich dann nicht nur nasse Flecken auf der Oberfläche, sondern Wasser tritt sogar in größeren Mengen aus. Eine solche Stelle bezeichnet man als Wasserdurchbruch. Die Folge einer Durchfeuchtung oder eines Wasserdurchbruchs ist nicht nur, daß diese Stelle unansehnlich ist, fleckig und störend. Die im Wasser enthaltenen Salze kristallisieren an der Oberfläche der Wand aus, bilden Ausblühungen und zerstören auf Dauer den Beton. Abhilfe kann man schaffen, wenn man die Stelle, an der das Wasser austritt, aufstemmt und mit schnellhärtendem Mörtel („Blitzhärter") abdichtet. Das Aufstemmen soll schwalbenschwanzförmig erfolgen, damit sich die Reparaturmasse in der Wand verkeilt. Blitzhärter ist wasserdicht. Er wird als graues zementähnliches Pulver geliefert und mit Wasser zu einer plastischen Masse angemacht. Da die Erstarrung eine Minute nach Wasserzugabe einsetzt, muß der Mörtel zügig angesetzt und verarbeitet werden. Die Masse wird mit der Hand (Schutzhandschuhe nicht vergessen!) oder der Kelle als Pfropfen rund 2 Minuten in die abzu-

dichtende Stelle gedrückt. Etwa 2 bis 3 Minuten nach Beginn der Erstarrung ist der Blitzhärter fest. Er widersteht dann auch dem Wasserdruck, und die Wand wird dicht.

Estrich

Estrich nennt man die Schicht aus feinem Beton, die zum Ausgleich auf eine Rohbetonschicht aufgetragen wird. Je nach den Anforderungen an den Boden kann ein Estrich direkt auf dem Rohfußboden hergestellt werden oder auf einer wärme- und schalldämmenden Schicht aus Dämmstoffen. Der Estrich ist der Untergrund für den Bodenbelag, auf ihn werden Fliesen geklebt oder der Teppichboden verlegt. Ein Estrich muß also

entsprechend glatt und eben hergestellt werden. Estrich, der direkt auf der Rohdecke aufgetragen wird, nennt man Verbundestrich. Er wird nur dann verwendet, wenn eine Schall- und Wärmedämmung nicht erforderlich ist, beispielsweise bei einer nicht unterkellerten freistehenden Garage. Häufig wird der Estrich durch Folie oder Pappe von der Rohdecke und den Wänden getrennt, es besteht dann keine feste Verbindung. Estrich auf einer Dämmschicht wird als schwimmender Estrich bezeichnet. Die Estrichschicht hat eine Dicke von 30 bis 45 mm, die Estrichlage muß selbsttragend sein. Schwimmend bedeutet, daß der Estrich keine direkte Verbindung zur Decke und zur Wand hat, er ist an allen Stellen durch Dämmstoff

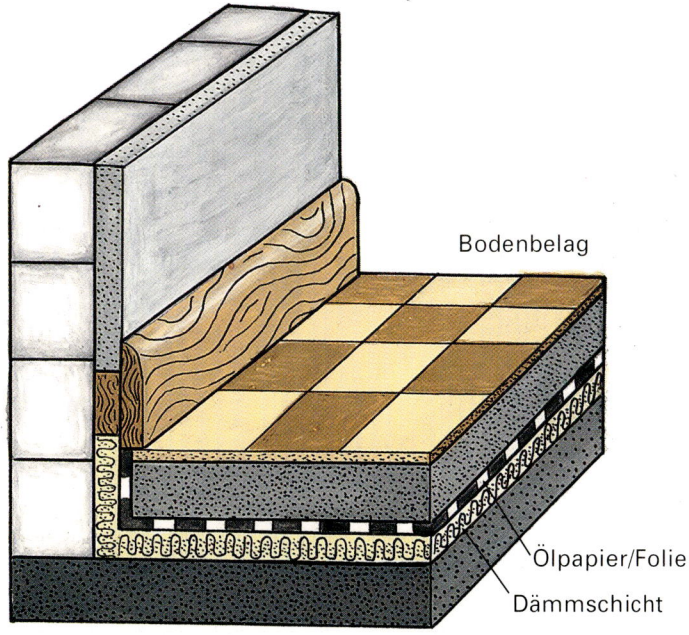

Bodenbelag

Ölpapier/Folie

Dämmschicht

Der Wandabschluß bei schwimmendem Estrich

getrennt. Die Dämmschicht für schwimmenden Estrich besteht aus besonders dafür zugelassenen Werkstoffen, es dürfen nicht die nur für Wärmedämmung geeigneten Platten genommen werden. Als Dämmaterial können Kunststoffschaum wie Polystyrol (PS) oder Polyethylen (PE), Glasfaser- oder Steinfasermatte, Korkschrot und weitere Dämmstoffe verwendet werden. Der Dämmstoff wird unter der Belastung des Estrichs zusammengedrückt. Dadurch ist er im eingebauten Zustand dünner als vorher, das Fertigmaß muß bei der Berechnung der Schichtdicke berücksichtigt werden. Das Maß, um das der Dämmstoff zusammengedrückt wird, wird auf der Verpackung angegeben, beispielsweise mit 35/25. Das bedeutet, daß der ursprünglich 35 mm dicke Dämmstoff auf 25 mm im eingebauten Zustand zusammengedrückt wird. Der Dämmstoff muß fugenlos verlegt werden, um eine gute Wirkung zu erzielen. Auf die Dämmstoffschicht kommt eine Abdeckung aus Ölpapier oder Kunststoffolie, die auch an der Wand bis über den Estrich hochgezogen wird. Zur Vermeidung von Schallbrücken werden vor dem Verteilen des Estrichbetons entlang den Wänden 10 mm dicke Dämmstreifen gestellt. Der überstehende Rand des Dämmstoffstreifens wird nach dem Aushärten des Estrichs mit einem scharfen Messer abgeschnitten.

Estrichbeton

Estrich wird mit einer besonderen Betonmischung hergestellt, die eine gute Festigkeit und einen hohen Widerstand gegen Abnutzung hat. Als Kies wird ein feinkörniger Estrichkies verwendet, als Bindemittel Zement. Das Mischungsverhältnis beträgt 1 kg Zement auf etwa 6 kg Estrichkies. Wird das Mischungsverhältnis mit der Schaufel abgemessen, mischt man 1 Teil Zement zu 4 Teilen Kies bis 1 Teil Zement zu 5 Teilen Kies. Es wird nur so wenig Wasser zugegeben, daß die Mischung feucht ist und sich mit der Hand formen läßt. Zur Verbesserung der Abriebfestigkeit kann dem Anmachwasser des Estrichs eine Mörtelvergütung beigemischt werden. Sie verbessert auch die Verarbeitungseigenschaften: Der Estrich läßt sich besser einbringen und verdichten. Das Mischungsverhältnis von Mörtelvergütung und Anmachwasser ist je nach Produkt unterschiedlich, es wird den Herstellerunterlagen entnommen.

Einen schwimmenden Estrich herstellen

Der Untergrund für den Estrich soll sauber und trocken sowie eben sein. Auf diesen Untergrund wird die Dämmschicht ausgelegt. Wenn die Gefahr einer Durchfeuchtung von unten besteht, muß unter der Dämmung eine Sperrschicht aus Bitumen oder Folie ausgebracht werden. Auf die Dämmschicht kommt eine Sperrschicht aus Polyethylenfolie (PE) oder Ölpapier, die

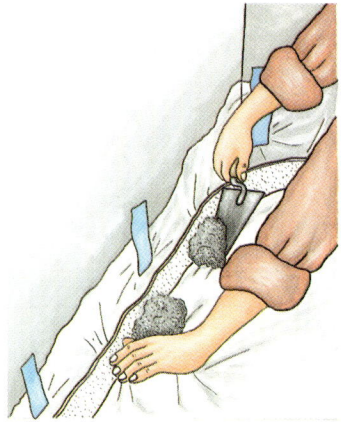

Der Randdämmstreifen wird mit Estrichbeton fixiert

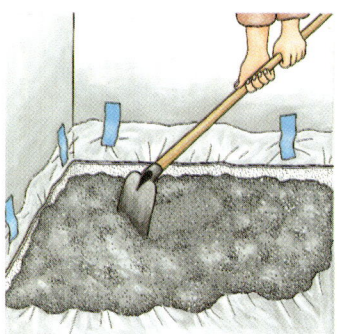

Der Estrichbeton wird mit der Schaufel ausgebracht

verhindern soll, daß Feuchtigkeit aus dem Estrich in die Dämmschicht zieht und sie unwirksam macht. Die Folie kann an der Wand einige Zentimeter hochgezogen werden, sie wird später nach dem Aushärten des Estrichs abgeschnitten. Ringsum an den Wänden wird ein lückenloser Streifen aus Dämmaterial aufgestellt. Das Material dieses Streifens muß nicht das gleiche sein wie das der Dämmschicht. Damit der Dämmschichtstreifen seine Lage am Rand behält, kann er mit einer Kelle Estrichbeton am Rand fixiert wer-

Am Rand entlang werden aus Beton Lehren zur Einhaltung der Höhe und zum Abziehen hergestellt

Entlang der Lehren wird dann der Estrich abgezogen

den. Nun kann der Estrichbeton aufgebracht werden. Um einen waagerechten, ebenen und gleichmäßig dicken Boden zu erhalten, benötigt man eine Lehre, an der entlang die Oberfläche abgezogen werden kann. Eine Möglichkeit ist, entlang der Wände eine Holzleiste in der gewünschten Estrichdicke auszulegen. Die Oberkante dieser Leisten kann als Auflage zum Abziehen mit einem langen Holzbrett dienen. Eine zweite Möglichkeit ist, entlang der Wände Lehren aus Estrichbeton herzustellen. Diese Lehren werden sorgfältig mit dem Glättbrett abgerieben und auf Einhaltung der richtigen Höhe kontrolliert. Mit einem langen geraden Brett und einer Wasserwaage wird die Einhaltung der Waagerechten überprüft. Eine Wasserwaage von 2 m Länge ist auch gut für Estricharbeiten geeignet. Zwischen den Lehren wird nun der Estrichbeton aufgefüllt. Mit einem langen Brett wird er entlang der Lehren abgezogen. Wenn der ganze Raum gerade und eben abgezogen ist, wird die Estrichoberfläche mit dem Reibebrett abgerieben, bis Feuchtigkeit an der Oberfläche austritt. Dadurch wird der Estrich verdichtet und die Oberfläche geglättet. Als letztes wird die Oberfläche mit dem Stahlglätter abgerieben. Dadurch wird die Oberfläche ganz glatt und geeignet, einen Bodenbelag aufzunehmen. Wenn anschließend gefliest werden soll, sind keine Vorarbeiten mehr erforderlich. Der Estrich muß gut aushärten, bis er belastet

Die Oberfläche wird mit dem Reibebrett abgezogen

Mit dem Stahlglätter wird eine ganz glatte Oberfläche erzeugt

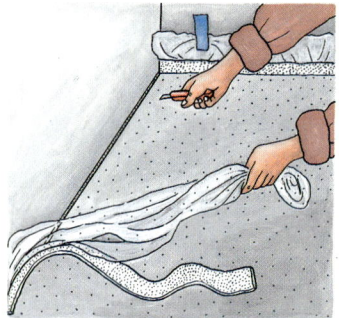

Der überstehende Rand von Folie und Randdämmstreifen wird nach dem Aushärten des Estrichs abgeschnitten

werden kann. Während der Abbindezeit des Zements soll der Raum nicht beheizt und vor Zugluft geschützt werden. Wenn der Raum unbedingt durchquert werden muß, kann man nach einer Woche Bretter auf dem Estrich auslegen, über die man gehen kann. Richtig belastet werden kann der Estrich erst nach der Aushärtezeit von mehr als drei Wochen. Nach dieser Zeit, wenn im Raum wieder gearbeitet werden kann, wird auch die überstehende Trennfolie und der Randdämmstreifen mit einem Messer abgeschnitten.

Estrich auf einer Fußbodenheizung

Fußbodenheizungen sind besonders im Badezimmer gut geeignet, eine behagliche Oberflächentemperatur des Fußbodens zu gewährleisten. Die Heizrohre sind dabei vollständig im Estrich eingebettet und geben ihre Wärme an den Beton ab, der sie speichert und an die Fußbodenoberfläche weiterleitet. Nach unten muß der beheizte Estrich eine besonders gute Wärmedämmung haben, damit er die Wärme nicht an die Rohdecke und an andere Räume abgibt. An den Estrich werden durch die starke Wärmebelastung besondere Anforderungen gestellt: Er muß sich durch abwechselnde Erwärmung und Abkühlung immer wieder ausdehnen und zusammenziehen, dabei darf er aber nicht reißen. Estrich mit Fußbodenheizung wird deshalb grundsätzlich mit Zusätzen verarbeitet, die die Betonqua-

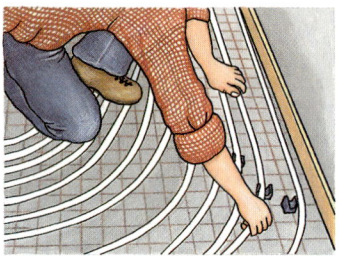

Die Heizungsrohre werden auf der Isolierung befestigt

Der Estrichbeton wird eingebracht, dabei dürfen die Heizungsrohre nicht beschädigt werden

Der Beton wird gleichmäßig verteilt

lität entsprechend verbessern. Fußbodenheizungen werden häufig als vollständiges System angeboten. Sie bestehen aus Isoliermaterial, Trennfolie, Trägersystem für die Rohrleitungen und einer Estrichvergütung, die dem

Mit der Wasserwaage werden entlang der Wände Randstreifen aus Estrichbeton als Lehren hergestellt

Die Randstreifen werden geglättet

vom Hersteller für diesen Zweck ausdrücklich freigegeben wurde.

Als Fußbodenheizung sind alle im Heizungsbau erprobten Systeme geeignet, ob die Rohre nun aus Kupfer bestehen oder aus Kunststoff. Die Rohre werden mit den entsprechenden Rohrclipsen auf der Dämmung verlegt. Es ist auch möglich, die Fußbodenheizungsrohre mit Bindedraht an einer Baustahlmatte zu befestigen, die auf der Dämmung liegt. Wenn die Heizung vollständig verlegt ist und eine Druckprobe ergeben hat, daß alles dicht ist, kann der Estrichbeton eingebracht werden. Er wird sorgfältig auch zwischen den Rohrschlangen verteilt. Dabei dürfen keine Hohlräume entstehen, die den Wärmeübergang vom Heizungsrohr zum Estrich verschlechtern und die Festigkeit des Bodens verringern. Anschließend wird der Boden gerade abgezogen und geglättet, wie es im Absatz vorher bei der Herstellung des schwimmenden Estrichs beschrieben wurde. Die Fußbodenheizung darf frühestens nach 30 Tagen aufgeheizt werden. Die Temperatur im Heizungswasser darf dabei nur langsam steigen, da der Estrich noch voller Spannungen ist, die sich mit zunehmender Erwärmung ausgleichen müssen. Es ist sinnvoll, den Estrich einige Tage durchzuheizen, damit die Restfeuchtigkeit vollständig ausgetrieben wird. Wenn später ein wasserdampfundurchlässiger Bodenbelag verlegt wird, kann keine Feuchtigkeit mehr entweichen.

Der Boden wird mit einem Brett abgezogen

Zum Schluß wird mit Reibebrett und Glättbrett geglättet

Anmachwasser beigemischt wird. Von dieser Empfehlung für die Estrichvergütung sollte nicht abgewichen werden, weil der Hersteller für die Qualität und Eignung garantiert. Wenn die unterschiedlichen Bestandteile der Fußbodenheizung einzeln gekauft werden und damit das System in eigener Regie zusammengestellt wird, kann eine handelsübliche Mörtelvergütung gewählt werden, die

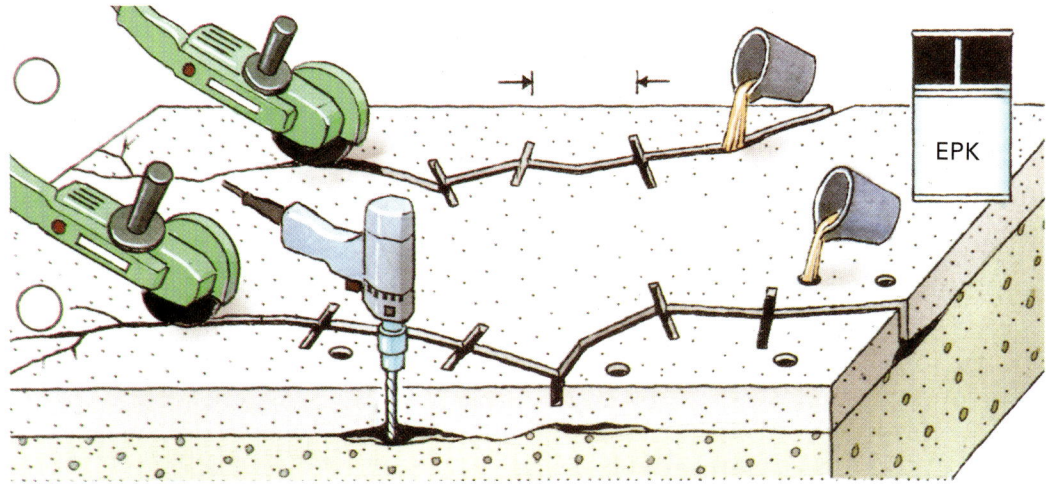

Risse im Estrich werden mit dem Trennschleifer erweitert und können dann mit Epoxidharz ausgegossen werden

Risse im Estrich reparieren

In Estrichen, die nicht fachgerecht hergestellt worden sind oder die zu stark belastet werden, bilden sich durchgehende Risse. Ursache sind häufig hohlliegende Stellen, an denen die nur wenige Zentimeter dicke Estrichschicht die Belastung nicht trägt. Die Risse führen zu Bewegung in den lose liegenden Estrichteilen und unter Umständen sogar zu Stolperkanten. Die beste Lösung ist, einen solchen beschädigten Estrich ganz zu entfernen und zu erneuern, zumindest aber die losen Teile. Ist jedoch die Beschädigung nicht zu weit fortgeschritten, kann man versuchen, die Estrichfläche mit Epoxidharzbehandlung zu reparieren. Dabei soll erreicht werden, daß hohlliegende Stellen unterfüllt werden und dadurch die Neubildung von Rissen verhindert wird. Darüber hinaus sollen die Risse gefüllt

und die voneinander getrennten Stücke der Estrichplatte wieder miteinander verbunden werden. Epoxidharz ist ein flüssiger Kunststoff, der bei der Verarbeitung aus zwei Komponenten zusammengemischt wird und nach einer gewissen Zeit erhärtet. Im erhärteten Zustand ist er sehr fest und strapazierfähig, behält aber eine gewisse Elastizität. In den beschädigten Estrich werden an den Stellen, an denen man Hohlräume vermutet, im Abstand von etwa 50 cm Bohrlöcher mit einem Durchmesser von 15 mm gebohrt. Hohlstellen im Estrich findet man, wenn man die gesamte Fläche mit einem Hammer abklopft. Hohlliegende Stellen erkennt man deutlich an dem veränderten Klang. Die Risse werden mit einem Trennschleifer mit einer Steintrennscheibe großzügig erweitert, dabei werden auch feine Risse aufgeschnitten. Zusätzlich werden quer zu den Rissen im Abstand von etwa 20 cm Schnitte angebracht. Sie dienen später dazu, die Estrichteile besser miteinander zu verklammern. Die Löcher und Risse werden nach Beendigung der Arbeit mit Druckluft ausgeblasen, weil Steinstaub die Haftung des Epoxidharzes am Estrich verringern würde. Das Epoxidharz wird nun nach der Herstelleranweisung auf dem Gebinde angemischt, und die Risse und Löcher werden damit vergossen. Um ein späteres Überspachteln der Fläche oder das Auftragen eines neuen Belages nicht zu erschweren, sollte darauf geachtet werden, daß das Epoxidharz beim Vergießen nicht überläuft.

Arbeitsbeispiele

Gehwegplatten

An einem einfachen Beispiel wird hier beschrieben, wie man aus Beton Platten herstellen kann. Solche Platten können als Gehwegplatten verwendet werden, in den entsprechenden Maßen zum Bau eines Gartengrills oder für viele andere Zwecke. Solche Platten selber herzustellen gibt Sinn, wenn man Platten in anderen Maßen benötigt, als sie im Handel erhältlich sind. Zunächst muß eine Schalung hergestellt werden, zweckmäßigerweise für mehrere Platten gleichzeitig. Als Untergrund können Schaltafeln verwendet werden. Auf der Schaltafel wird aus Latten 3 x 5 cm ein Rahmen entsprechend der gewünschten Plattengröße hergestellt. Die Höhe der Latten entspricht der Dicke der herzustellenden Platte und muß auch dementsprechend ausgewählt werden. Aus Kies

und Zement wird eine steife Betonmischung (K 1) hergestellt. Das Wasser wird nach und nach zugegeben, damit die Mischung nicht zu dünnflüssig wird. Der Beton wird in die Form gegeben und mit einem Stampfer gut verdichtet. Der überschüssige Beton wird mit einem geraden Brett auf der Oberfläche abgezogen. Dabei werden die Latten der Schalung als Auflage genommen, dadurch ergibt sich eine gerade Oberfläche. Beim Abziehen wird das Brett zugleich hin- und herbewegt, damit größere Kiesel keine Löcher in die Oberfläche reißen. Wenn an einzelnen Stellen Beton fehlt, wird er nachgefüllt und verdichtet. Die abgezogene Oberfläche wird nun mit einem angefeuchteten Reibebrett mit kreisförmigen Bewegungen abgerieben. Dadurch wird die Oberfläche zusätzlich verdichtet und eingeebnet. Zum Schluß wird die Platte noch mit einer Glättkelle geglättet, alle Poren im Beton schließen sich dabei, und es ent-

steht ein spiegelblanke Oberfläche. Nach 48 Stunden kann die Platte ausgeschalt werden. Bis zum Aushärten des Betons muß die Platte vorsichtig gelagert werden, bei Belastung würde sie brechen.

Fundament für Pergolastütze

Eine Pergola wird in der Regel aus Holzbalken hergestellt, die auf Betonfundamenten befestigt werden. Wegen der starken Holzzerstörung durch Feuchtigkeit in der Nähe des Bodens sollen die Balken mindestens 5 cm über dem Erdboden enden. Auf keinen Fall dürfen die Balken einbetoniert werden, sie würden in kurzer Zeit faulen. Eine einfache Lösung ist die Befestigung des Balkens in einem U-förmig gebogenen Halter aus Bandstahl, der den Pfosten von zwei Seiten umfaßt. Im Handel sind auch verzinkte Pergolenfüße in unterschiedlichen Ausführungen und für unterschiedliche Balkenstärken erhältlich. Für das Betonfundament wird mit dem Spaten ein quadratisches Loch mit einer Kantenlänge von etwa 25 x 25 cm und 80 cm Tiefe gegraben. Die Tiefe ist erforderlich, damit das Fundament frostfrei ist und die Pergola auf Dauer geradesteht. Beim Ausschachten wird vorsichtig gearbeitet, damit der Rand des Loches nicht ausbricht. Da an die Festigkeit nur geringe Ansprüche gestellt werden, kann der Beton mit der Schaufel in einem Mischungsverhältnis

Zur Herstellung von Gehwegplatten wird Beton in eine entsprechende Form gegossen und die Oberfläche sauber abgezogen

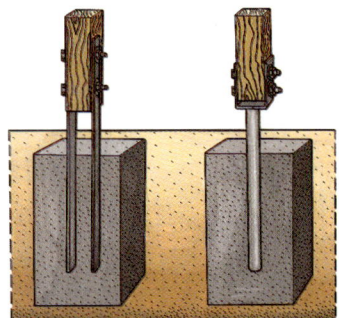

Fundamente für eine Pergola-stütze

von 1 Schaufel Zement zu 4 Schaufeln Kies gemischt werden. Die Mischung wird erdfeucht (Konsistenz K 1) angemacht. Der Beton wird lagenweise in Schichtdicken von 20 cm in das Loch eingebracht und mit einer kräftigen Latte gut verdichtet. Mit dem Beton wird gleichzeitig der Stahlfuß für den Pfosten eingebaut. Die obere Betonschicht kann 5 bis 10 cm unter der Erdoberfläche enden, wenn das Fundament unsichtbar bleiben soll. Wenn das Fundament sichtbar ist, wird aus Latten eine kleine quadratische Schalung gebaut, damit das Fundament einen sauberen oberen Abschluß hat. Anhand einer vorher gespannten Schnur kann beim Einbau der Stahlfüße für die Pfosten die gewünschte gleichmäßige Höhe über dem Erdboden kontrolliert werden. Die Pergola darf erst nach 30 Tagen aufgebaut werden, wenn der Beton ausgehärtet ist. Ein Feuchthalten des Betons zum besseren Abbinden ist nicht erforderlich, da der Beton durch die Erdfeuchte nicht austrocknen kann.

Betontreppe bauen

Kellertreppen außen am Haus oder freitragende Treppen innerhalb des Hauses werden als Betontreppen gebaut. Eine solche Treppe selber einzuschalen und zu betonieren stellt erhebliche Anforderungen an die Fähigkeiten eines Selberbauers. Man sollte damit nur beginnen, wenn man bereits Bauerfahrungen hat. Da eine Treppe bei jedem Haus anders aussieht, anders gebaut wird und andere Maße hat, kann die folgende Anleitung nur allgemeine Hinweise geben. Wie tatsächlich gebaut wird, kann nur auf der Baustelle entschieden werden, unter Umständen ist bei der Planung und beim Bau ein Fachmann zu beteiligen. Eine Kelleraußentreppe wird in der Regel im gewachsenen Erdreich eingeschalt, das bedeutet, daß man keine Unterkonstruktion errichten muß. Eine Schalung für eine freitragende Treppe dagegen benötigt eine sehr stabile Tragkonstruktion, die beim Einbringen des frischen Betons ein Gewicht von unter Umständen mehreren Tonnen auffangen muß.

Die Treppe einschalen

Vor Beginn der Bauarbeiten sollte eine Zeichnung angefertigt werden, aus der die genauen Maße der Treppe entnommen werden können. Dabei wird von der Höhe ausgegangen, die mit der Treppe überwunden werden soll, diese Höhe wird in einzelne gleich hohe Treppenstufen aufgeteilt. Die Steigung der Treppe, das heißt der senkrechte Höhenunterschied von einer Stufe zur nächsten, soll zwischen 160 und 190 mm liegen. Steigung und Auftrittbreite der Stufe sollen zusammen etwa 450 mm ergeben. Diese Maße sollten beachtet werden, damit die Treppe bequem zu benutzen ist. Bei der Festlegung der Maße über dem Rohfußboden müssen die Maße von Estrich und Fliesen, die auf dem Fußboden verlegt werden, sowie ein Fliesenbelag auf den Treppenstufen mit berücksichtigt werden.

Berechnungsbeispiel für eine Treppe

Die Gesamthöhe von der unteren zur oberen Geschoßdecke ist 2,34 m.
Wenn die Treppe 13 Stufen haben soll, beträgt die Steigung:
2,34 m : 13 = 0,18 m je Stufe
Die Auftrittbreite ist:
450 mm–180 mm = 270 mm
Dadurch ergibt sich die waagerecht gemessene Lauflänge der Treppe:
270 mm x 13 = 3510 mm

Einen Vorschlag für die Schalung einer Betontreppe macht die Abbildung. Entsprechend den Verhältnissen auf der Baustelle muß die Konstruktion abgeändert werden. *Die Zeichnung und die Beschreibung geben keine Gewähr für die Standfestigkeit der Treppe, im Zweifelsfall ist ein Statiker zur Beratung hinzuzuziehen.* Wenn wie auf der Zeichnung eine seitliche Wand vorhanden ist, wird zunächst auf der Wand die ganze Treppe Stufe für Stufe angezeich-

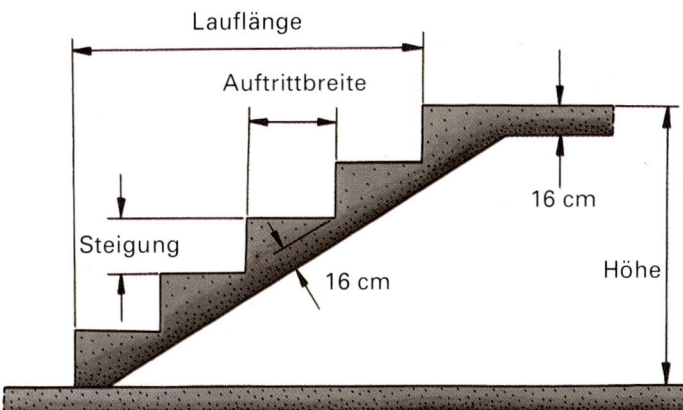

Bezeichnungen und Maße an einer Treppe

Vorschlag für die Einschalung einer Treppe

net. Wenn sich beim Anzeichnen ergeben hat, daß die errechneten Maße stimmen und die Treppe wie gewünscht paßt, wird aus Schaltafeln, Kanthölzern und Brettern die Schalung gebaut. Dabei muß auf eine solide Konstruktion geachtet werden, da sonst beim Einfüllen des Betons alles zusammenbrechen kann.

Bewehrung herstellen
Damit der Beton tragfähig wird, muß eine Bewehrung aus Betonstahl eingebaut werden. Dafür wird Betonstahl mit dem Durchmesser 8 und 10 mm verwendet. Die Stahlstäbe werden entsprechend der benötigten Länge abgeschnitten und so gekantet, daß sie dem Verlauf der Treppe entsprechen. Die Stahlstäbe werden in Laufrichtung der Treppe mit einem Abstand zueinander von 10 cm eingebaut. Die längs und quer laufenden Stäbe werden mit Bindedraht miteinander verbunden, damit sie beim Einbringen des Betons ihre Lage nicht verändern. Betonabstandhalter unter den Stahlstäben verhindern, daß sie direkt auf der Schalung aufliegen. Der Betonstahl wird so eingebaut, daß er an jeder Stelle mindestens 3 cm von Beton überdeckt wird. Wenn die Bewehrung eingebaut ist, wird die Schalung gereinigt.

Betonieren der Treppe
Es wird ein steifer Beton (K 1) der Festigkeitsklasse K 25 verwendet, mit dem die gesamte Treppe in einem Arbeitsgang betoniert wird. Der Beton sollte als Transportbeton fertig bezogen werden. Der Beton muß sorgfältig zwischen dem Betonstahl durch Stampfen verdichtet werden. Die einzelnen Stufen werden ebenfalls mit Beton gefüllt, verdichtet und mit dem Reibebrett und der Glättkelle abgerieben. Die Stufen sollen eine möglichst gerade und glatte Oberfläche haben, damit sie später nicht mehr nachgespachtelt werden müssen. Die Treppe kann nach 30 Tagen ausgeschalt und belastet werden.

Mauern

Mit Mauersteinen lassen sich die unterschiedlichsten
Wände und Bauteile eines Hauses erstellen. Bei einer
großen Auswahl an Materialien und zahlreichen
Verarbeitungsmöglichkeiten ist der Kreativität
kaum eine Grenze gesetzt.

So wird gemauert

Das Werkzeug

Für Maurerarbeiten muß geeignetes Werkzeug verwendet werden. Für das Vermauern von Kalksandsteinen oder Ziegeln benötigt man:

- eine Kelle in Dreieck- oder Viereckform:
  Die Dreieckkelle ist für Ungeübte zunächst etwas schlecht zu handhaben. Ist man erst einmal daran gewöhnt, liegt sie gut in der Hand und beansprucht durch die günstige Schwerpunktlage auch bei größeren Mörtelmengen das Handgelenk wenig.
  Die Viereckkelle dagegen erleichtert das gleichmäßige Verteilen des Mörtels und liegt von Anfang an gut in der Hand.

Dreieckkelle

Viereckkelle

- einen Maurerhammer zum Anklopfen von Steinen und zum Trennen

- einen Mörtelkübel (oder eine Maurerbalge) zum Anmischen und Aufbewahren des Mörtels (siehe Abbildung auf der gegenüberliegenden Seite)

Wasserwaage

- eine Wasserwaage zur Kontrolle, ob die Wand in der Senkrechten und Waagerechten fluchtet
- eine Maurerschnur
- unterschiedliche Latten als Hilfsgerüst oder Meßhilfe.

Die Lagerfuge

Die waagerechten Fugen werden als Lagerfuge, die senkrechten als Stoßfugen bezeichnet. Bei den üblichen Mauersteinen sollen die Fugen gleichmäßig mit Mörtel ausgefüllt sein, um eine gute und gleichmäßige Verbindung zu gewährleisten. Der Mörtel wird so dick aufgetragen, daß die fertige Lagerfuge eine gleichmäßige Dicke von 1 bis 2 cm hat. Auf beiden Seiten bleiben etwa 5 bis 10 mm mörtelfrei, so daß der Mörtel nicht überquillt. Für stark saugende Steine, wie trockene Kalksandsteine, wird der Mörtel mit mehr Wasser, also etwas weicher angemacht, für wenig saugende Steine wie Klinker muß er fester sein. Der Mörtel kann in der Lagerfuge in einem Arbeitsgang für mehrere Steine hintereinander aufgetragen werden.

Die Stoßfuge

Der Mörtel für die Stoßfuge wird über dem Kübel mit Schwung an den Stein „angeschlagen", wie es in der Maurersprache heißt. Wenn man das einige Male geübt hat, bleibt der Mörtel sogar haften und man kann den Stein frei bewegen, auf den Mörtel der Lagerfuge setzen und an den vorher gesetzten Stein anschieben. Mörtel, der aus der Lagerfuge hervor-

Anschlagen des Mörtels auf die Stoßfuge

Versetzen des Steins

Abstreichen des überquellen-
den Mörtels

Anwerfen der Stoßfuge bei
größeren Steinformaten

gequollen ist und mit der Kelle abgeschnitten wurde, eignet sich nicht für die Stoßfuge. Er hat schon Wasser an den Stein abgegeben und haftet nicht mehr so gut. Dieser Mörtel kommt zurück in den Kübel und wird wieder mit der Kelle untergemischt. Bei größeren Steinformaten wird der Stoßfugenmörtel an den bereits versetzten Stein angestrichen oder angeworfen. Beim Anwerfen haftet der Mörtel besser als beim Anstreichen. Aber auch das sollte zunächst mehrmals geübt werden.

Arbeitsgänge beim Mauern
- Stein mit der freien Hand greifen
- Stoßfugenmörtel anbringen
- Lagerfugenmörtel aufbringen und verteilen
- den Stein versetzen, gegen den vorher versetzten Stein anschieben und ausrichten
- hervorquellenden Mörtel mit der Kelle abstreichen und wiederverwenden.

Mauern von Schichten

Die Schichten innerhalb einer Mauer sollen in sich waagerecht sein und fluchten. Dafür wird die Maurerschnur verwendet. Sie wird für jede Schicht von Ecke zu Ecke gespannt, zum Befestigen der Schnur werden Nägel in die Mörtelschicht gesteckt. Die Schnur soll einen Abstand von 2 bis 3 mm zur Mauerschicht haben, damit sie die Steine nicht berührt und immer frei gespannt ist. Die Ecke muß besonders sorgfältig aufgemauert werden. Sie ist der Richtpunkt für die ganze Mauer. Das genaue Einhalten der Senkrechten wird immer wieder mit der Wasserwaage überprüft, ebenso die waagerechte Lage der Steine. Reicht bei größeren Mauerlängen die Wasserwaage nicht mehr aus, wird sie auf eine Latte gelegt, die den Abstand zwischen den zu messenden Punkten überdeckt. Wenn man mit der Zeit etwas Übung hat, schärft sich der Blick für die Ausrichtung der Steine und man muß weniger häufig messen.

Anstreichen der Stoßfuge

Spannen der Maurerschnur zum genauen Ausrichten der Steine

Prüfung der Senkrechten mit
der Wasserwaage

Ausrichtung der Mauersteine
entlang der Schnur

ganze Steine verwendet
werden.
- Waagerechte und Senk-
  rechte sind immer wieder
  mit der Wasserwaage zu
  kontrollieren.
- Fugen vollständig füllen.
- Mauerziegel bei heißem
  Wetter vornässen, damit
  dem Mörtel nicht das Wasser entzogen wird.

Überbinden

Mit Überbindung bezeichnet
man das Maß, mit dem ein
Stein den anderen im Mauer-
werksverband überdeckt.
Eine Mindestüberbindung ist
erforderlich, damit das Mauerwerk in sich Festigkeit erhält. Am besten ist die mittige Überbindung, das heißt,
daß die Fuge der nächsthöhe-
ren Schicht in der Mitte des
unteren Steins liegt. Das ist
häufig nicht möglich und beispielsweise bei Verblendmauerwerk manchmal auch nicht
erwünscht. Dann ist jedoch
die Mindestüberbindung einzuhalten. Sie ist abhängig
von der Steinhöhe.

Bei der Errichtung einer Wand muß Mischmauerwerk vermieden
werden, da sich sonst im Putz Risse bilden können

Mischmauerwerk
vermeiden
Immer wieder sieht man an
frisch gemauerten Wänden,
daß Steine aus unterschiedlichen Steinarten (beispielsweise Kalksand-, Ziegel-, Gas-
beton- oder Leichtbetonsteine) durcheinander vermauert
worden sind. Der Grund dafür ist häufig, daß gerade keine Steine der gleichen Sorte
in der gewünschten Größe
zur Hand waren. Das Verarbeiten unterschiedlicher

Steinarten in einer Mauer
kann leider leicht zu Schäden
führen. Zunächst zeigen sich
Risse im Mauerwerk, die später durch eindringende
Feuchtigkeit und Frosteinwirkung zu Schäden führen.

Grundregeln für
Mauerwerk
- Die Schichten einer Mauer
  müssen waagerecht sein.
- Es sollen möglichst viele

Mittige Überbindung von
Mauersteinen

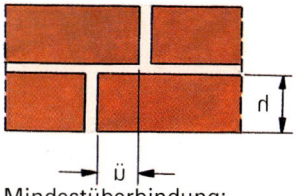
Mindestüberbindung:
ü > 0,4 h > 4,5 cm

Mindestüberbindung von Mauersteinen	
Steinhöhe (in cm)	Mindestüberbindung (aufgerundet in cm)
5,2	5
7,1	5
11,3	5
17,5	7
23,8	10
49,8	20

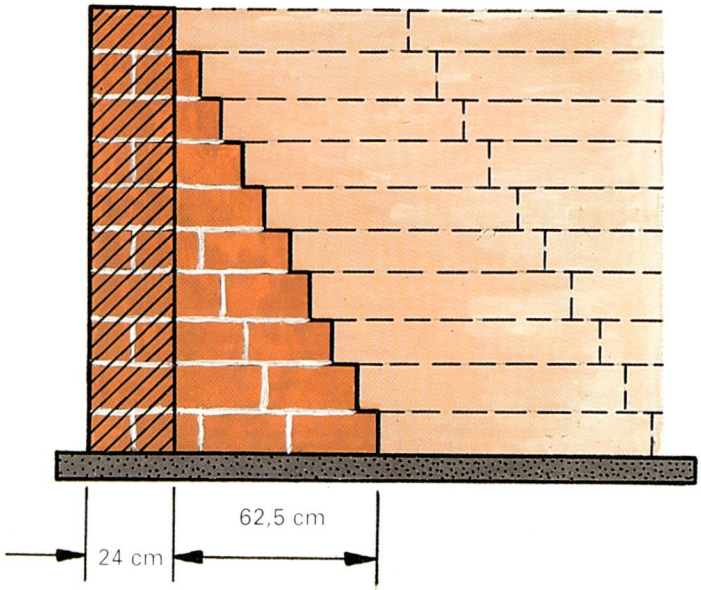

Abtreppen der Wand an einer Mauerecke

62,5 cm

24 cm

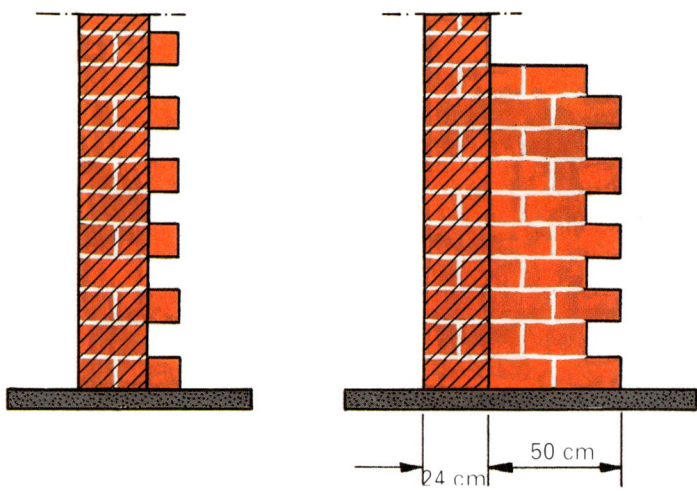

Verzahnung zum nachträglichen Anschluß einer Wand

50 cm

24 cm

So kann man Wände nachträglich anschließen

Grundsätzlich ist es günstig, wenn alle Wände, die miteinander verbunden sind, gleichzeitig hochgemauert werden. Dadurch ist es möglich, Ecken oder Wände, die aufeinanderstoßen, sorgfältig miteinander zu verzahnen. Die Verzahnung ist erforderlich, damit die Wände eine gute Verbindung haben und durch gegenseitiges Abstützen die Standfestigkeit erhöht wird. Leider ist das gleichmäßige Hochmauern nicht immer möglich. Man kann eine Wand dann auch später mauern, muß aber dafür sorgen, daß nachträglich eine gute Verbindung geschaffen wird. Die einfachste Lösung ist das Abtreppen. Dabei wird die anzuschließende Wand nur so weit gemauert, wie es zur Verzahnung unbedingt erforderlich ist. Wenn später ausreichend Platz zur Verfügung steht, kann die Wand fertiggemauert werden. Die Abtreppung erfordert viel Platz. Etwas weniger Platz erfordert die Verzahnung. Dabei werden Lücken gelassen, in die später die Steine der an-

zuschließenden Wand eingefügt werden können. Aber Vorsicht: Während der Bauzeit kann die Standfestigkeit der bereits stehenden Wand verringert sein.
Deshalb soll nur verzahnt werden, wenn die Wand gleichzeitig von zwei ande-

ren, sich gegenüberliegenden Wänden gestützt wird. Bei der Verzahnung mit Vorlage wird die Standfestigkeit nicht verringert, da ein ausreichender Teil der anzuschließenden Wand bereits vorhanden ist. Diese Verzahnung benötigt mehr Platz.

Aussparungen und Schlitze

In Wänden werden häufig Aussparungen und Schlitze benötigt, um Trinkwasser- und Abwasserleitungen oder auch elektrische Leitungen unsichtbar verlegen zu können. Diese Aussparungen bedeuten immer eine Schwächung der Wand, das heißt, daß sie die Standfestigkeit beeinträchtigen. Es gibt deshalb Regeln und Vorschriften für das Herstellen von Aussparungen und Schlitzen, die auf jeden Fall eingehalten werden sollen. Grundsätzlich sollen Aussparungen und Schlitze schon beim Mauern berücksichtigt und möglichst nicht nachträglich hergestellt werden. Das spart nicht nur Arbeit, eine nachträglich geschaffene Aussparung schwächt die Wand auch stärker als eine mit Überlegung gemauerte.

Achtung, wenn Aussparungen und Schlitze nachträglich hergestellt werden, darf nur mit Fräsen oder mit dem Trennschleifer gearbeitet werden. Beim Stemmen mit Hammer und Meißel wird durch Erschütterungen das Gefüge der Wand stark geschädigt. Stemmen ist deshalb grundsätzlich verboten. Am besten ist es, wenn alle Aussparungen bereits im Bauplan und damit in der Statik berücksichtigt werden. Wenn das nicht möglich ist, sind folgende Regeln einzuhalten:

Schlitze für Abwasserleitungen

Senkrechte Aussparungen und Schlitze

Je nach Wanddicke sind größtmögliche Breite und Tiefe der Aussparung vorgeschrieben. Die Maße ergeben sich aus der folgenden Tabelle. Die Aussparungen und Schlitze sollen mindestens 199 cm voneinander entfernt sein und zu Fenster- und Türöffnungen einen Abstand von mehr als 36,5 cm haben. Zu Wandverbindungen (Ecken) soll ein Abstand von 24 cm eingehalten werden.
Die Breite des gefrästen Schlitzes darf nicht größer als die Wanddicke sein.

Senkrechte gemauerte Aussparungen und Schlitze in tragenden oder aussteifenden Wänden		
Dicke der Wand (in cm)	Breite der Aussparung (in cm)	Restwanddicke (in cm)
11,5	bis 51	mindestens 11,5
17,5	bis 51	mindestens 11,5
24,0	bis 63,5	mindestens 17,5
30,0	bis 76	mindestens 24,0
36,5		

Senkrechte, mit Trennschleifer oder Mauerfräse nachträglich hergestellte Schlitze	
Dicke der Wand (in cm)	Schlitztiefe (in cm)
11,5	bis 2
17,5	bis 3
24,0	bis 4
30,0	bis 5
36,5	bis 6

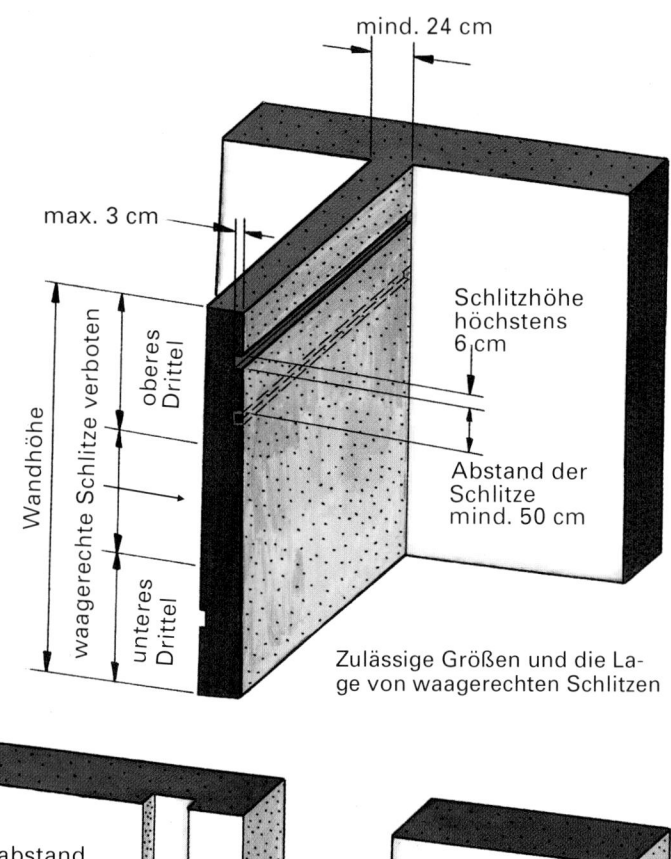

mind. 24 cm

max. 3 cm

Schlitzhöhe höchstens 6 cm

Abstand der Schlitze mind. 50 cm

Wandhöhe

waagerechte Schlitze verboten

oberes Drittel

unteres Drittel

Zulässige Größen und die Lage von waagerechten Schlitzen

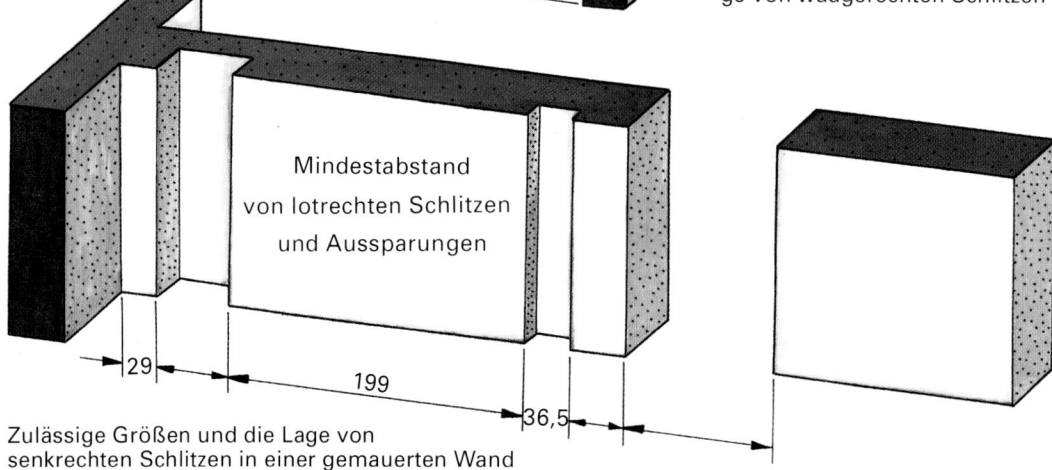

Mindestabstand von lotrechten Schlitzen und Aussparungen

29   199   36,5

Zulässige Größen und die Lage von senkrechten Schlitzen in einer gemauerten Wand

Waagerechte und schräge Aussparungen

In tragenden und aussteifenden Wänden sind waagerechte oder schräge Aussparungen und Schlitze erlaubt, wenn folgende Maße eingehalten werden:

- Wanddicke: mindestens 24 cm
- Schlitzhöhe: bis 6 cm
- Schlitztiefe: bis 3 cm,
- bei Zweikammer-Hohlblocksteinen bis 1 cm
- Abstand der Schlitze: mindestens 50 cm

Die waagerechten Schlitze sollen nur im oberen oder unteren Drittel der Wandhöhe liegen, in jeder Wand dürfen höchstens zwei Schlitze gefräst werden. Einkammer-Hohlblocksteine dürfen aus Festigkeitsgründen nicht geschlitzt werden.

Arbeitsgerüste

Beim Mauern einer üblichen Wand ist schnell eine Arbeitshöhe erreicht, die ohne Gerüst nur schwer zu bewältigen ist. Spätestens beim Arbeiten in Kopfhöhe wird es schwer, die Übersicht über die zu mauernde Wand zu behalten. Für die übliche Geschoßhöhe von bis zu 2,50 m muß in einer Höhe von etwa 1,25 m ein Arbeitsgerüst aufgebaut werden. Die einfachste und auch durchweg angewendete Lösung besteht in der Verwendung von zwei Maurerböcken aus Holz oder Stahl in einem Abstand von 2 bis 3 m, über die Gerüstbohlen gelegt werden. Die Gerüstbohlen sollten mindestens 3 cm dick sein, dünnere Bretter, wie zum Beispiel Schalbretter, dürfen nicht verwendet werden. Die Breite der Arbeitsfläche ist mindestens 1 m. Häufig sieht man auf Baustellen behelfsmäßige Gerüste aus Steinstapeln, Mörtelkübeln oder Wasserfässern. Da diese Gerüste nicht standsicher sind, sollte man sie im eigenen Interesse nicht verwenden. Von der Berufsgenossenschaft, die auch für Bauarbeiten von Heimwerkern zuständig ist, sind solche Behelfsgerüste verboten. Gerüste mit einer Höhe des Arbeitsbelages von über 2 Metern über dem Boden müssen zum Schutz gegen Absturz einen 3teiligen Seitenschutz haben, mit Geländerholm, Zwischenholm und Bordbrett. Das Bordbrett soll verhindern, daß Material oder auf den Gerüstbrettern liegendes Werkzeug hinabfallen und andere verletzen kann.

Zur Sicherheit: Gerüste dürfen vor der Fertigstellung nicht benutzt werden. Das Gerüst darf nicht überlastet werden. Gerüstbohlen dürfen am Ende nicht überstehen, sonst besteht Kippgefahr.

Gerüst mit Holzböcken zum Mauern einer raumhohen Wand

Bei Baugerüsten lauern Unfallgefahren

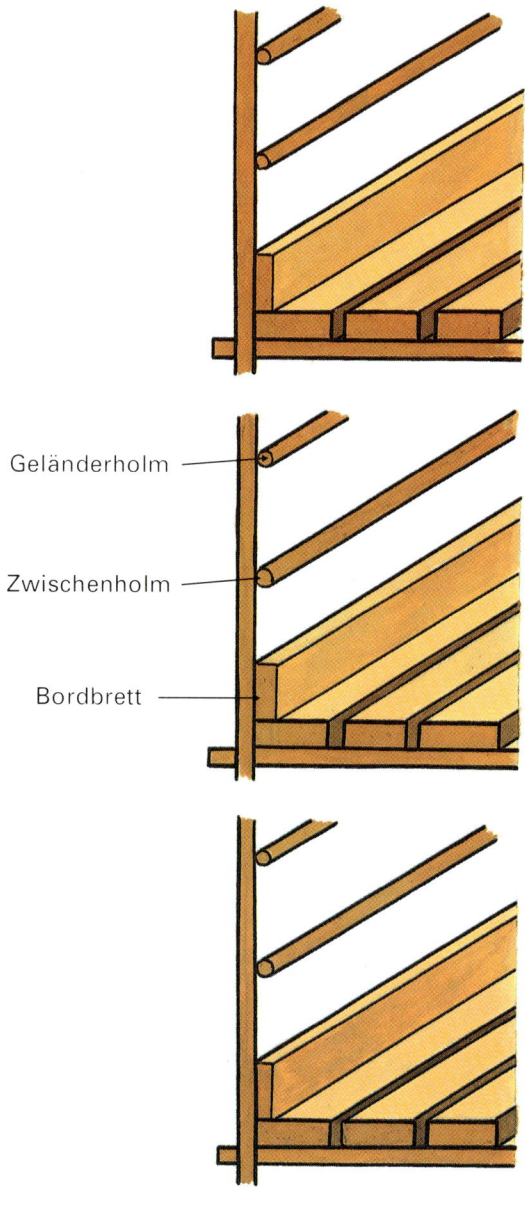

Geländerholm

Zwischenholm

Bordbrett

Vorschriftsmäßiges Gerüst mit Geländerholm, Zwischenholm und Bordbrett

Sicht- und Verblendmauerwerk

Sichtmauerwerk wird in der Regel mit Steinen höherer Qualität hergestellt, die als Verblender bezeichnet werden. Unter Umständen kann auch mit einfachen Mauersteinen gearbeitet werden, wenn man an das Aussehen der Wand nicht so hohe Ansprüche stellt. Sichtmauerwerk kann aus allen Steinarten hergestellt werden.

Einschaliges Sichtmauerwerk

Einschaliges Sichtmauerwerk ist eine durchgehende Wandkonstruktion aus Verblendsteinen, die ein- oder beidseitig sichtbar bleiben. Es wird verwendet für Wände im Innenbereich des Hauses, aber auch für Außenwände. Das Mauerwerk wird mit nur einer Steinsorte und in einer Steinhöhe ausgeführt. Bei der Verwendung von einschaligem Sichtmauerwerk für Außenwände muß wegen der Schlagregensicherheit jede Mauerschicht aus mindestens zwei Steinreihen bestehen, zwischen denen eine durchgehende, schichtweise versetzte, hohlraumfrei vermörtelte, 2 cm dicke Längsfuge verläuft. In der Abbildung oben ist diese Längsfuge gut zu sehen. Um sich die Arbeit zu vereinfachen, kann man diese Längsfuge mit fließfähigem Mörtel vergießen. Der Vergußmörtel soll möglichst grobkörnig sein, damit er nicht zu stark schwindet.

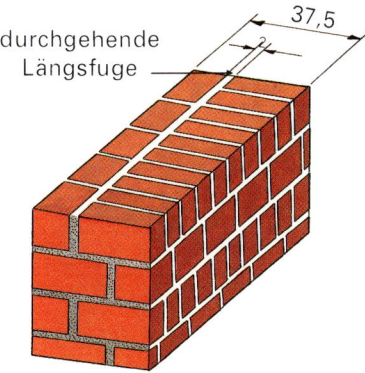

durchgehende Längsfuge

37,5

Schnitt durch eine 37,5 cm dicke einschalige tragende Außenwand

Zweischaliges Verblendmauerwerk

Dieses Mauerwerk wird mittlerweile recht häufig für die Außenwände von Wohnhäusern verwendet. Um eine besonders gute Wärmedämmung zu erzielen, wird zusätzlich noch eine Kerndämmung eingebracht. Da die beiden Wandschalen voneinander getrennt gemauert werden, können für Innen- und Außenschale unterschiedliche Steinarten vermauert werden. So kann die tragende Innenschale aus großformatigen Kalksandsteinen, Ziegeln oder Gasbeton hergestellt werden. Für die Außenwand besteht dann freie Auswahl in allen möglichen Klinkerarten und -formaten, genausogut können Kalksandsteinverblender gewählt werden. Gasbetonsteine sind für die Außenschale nur geeignet, wenn sie zum Beispiel durch einen Kunststoff-

Mauern einer Verblenderschale

putz wasserabweisend behandelt werden. Bei zweischaligem Verblendmauerwerk kann auf eine Kerndämmung verzichtet werden, wenn die Innenschale eine ausreichende Wärmedämmfähigkeit hat. Gasbetonsteine mit einer ausreichenden Dicke, die berechnet werden muß, können diese Anforderungen erfüllen. Die Luftschicht zwischen den beiden Mauerschalen soll bei Verzicht auf Wärmedämmung mindestens 6 cm dick sein. Dadurch wird verhindert, daß durch herabfallende Mörtelreste eine Verbindung und damit eine Kältebrücke zwischen Innen- und Außenmauerwerk hergestellt wird.

Schalenabstand

Bei der Wandausführung mit Kerndämmung und Luftschicht soll die Luftschichtdicke größer als 4 cm sein. Der gesamte Abstand zwischen beiden Schalen darf nicht größer als 12 cm werden. Die Kerndämmung erzielt eine besonders gute Wärmedämmung.
Die Dämmplatten können bis zu 8 cm dick gewählt werden, diese Dicke sollte nach Möglichkeit verwendet werden, um die bestmögliche Wärmedämmung zu erreichen.

Verankerung

Beide Schalen müssen, obwohl sie voneinander getrennt gemauert werden, aus Festigkeitsgründen eine gute Verbindung miteinander haben. Sie werden deshalb mit nichtrostenden Drahtankern miteinander verbunden, die beim Mauern in die Fugen eingelegt werden. Auf die Drahtanker werden Abtropfscheiben aus Kunststoff gesteckt. Dadurch wird verhindert, daß Schwitzwasser am Drahtanker entlang in das Innenmauerwerk eindringt. Auf einen Quadratmeter Mauerfläche werden mindestens 5 Drahtanker verarbeitet. Am Rand der Verblendschale, an

Mauerecken sowie Fenster- und Türöffnungen werden zur Verstärkung zusätzlich 3 Drahtanker je Meter verwendet. Ist der Abstand der Mauerschalen größer als 7 cm, muß der Durchmesser der Drahtanker mindestens 4 mm betragen, sonst reichen 3 mm.
Sollen Wände nachträglich verblendet werden, verwendet man Einschlaganker. Sie werden mit aufgesetztem Kunststoffdübel in zuvor durch die Platten ins Mauerwerk gebohrte Löcher eingeschlagen. 5 cm von der Innenkante der Außenschale entfernt werden die Einschlaganker umgebogen.

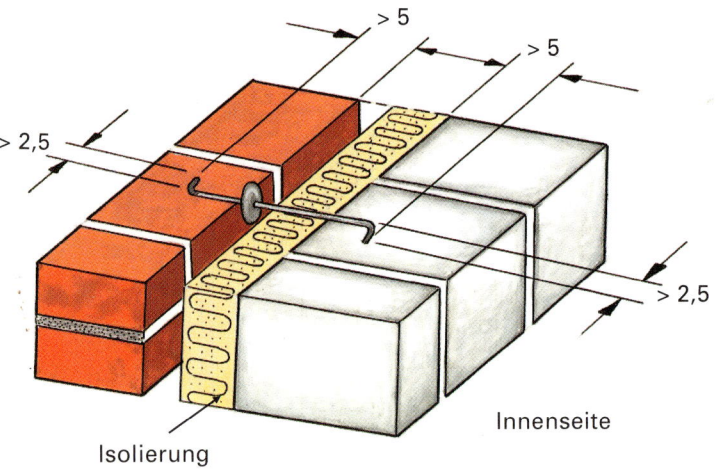

Verwendung von Drahtankern für zweischaliges Mauerwerk

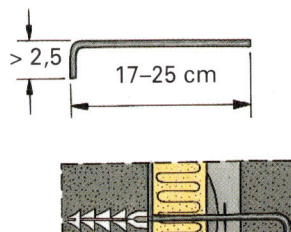

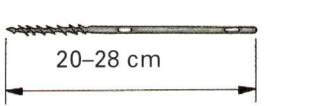

Luftschichtanker

Sperrschicht am Fußpunkt

Zum Schutz gegen aufsteigende Feuchtigkeit muß am Fußpunkt der Wand, in der Regel auf der Kelleraußenwand oder auf einer der ersten Schichten auf dem Fundament, eine Sperrschicht eingebaut werden. Sie besteht aus einer Folie, die innen an der Wand hochgezogen wird und nach außen geneigt ist. Dadurch kann an der Innenwand auftretendes Schwitzwasser nach außen ablaufen und richtet keinen Schaden an.

Be- und Entlüftung

Da in einer Wand durch Temperaturschwankungen immer wieder Schwitzwasser entsteht, muß eine Be- und Entlüftungsmöglichkeit ge-

schaffen werden. Das kann dadurch erreicht werden, daß oben und unten in der Verblendschale Stoßfugen offengelassen oder Lüftungssteine eingesetzt werden. Bei eingeschossigen Wänden ist es ausreichend, wenn im waagerechten Abstand von 2 bis 3 Steinen eine Stoßfuge offengelassen wird. Lüftungssteine werden im Abstand von etwa 1 m eingesetzt.

Die Luftschicht muß frei bleiben: Wenn der Mörtel kein gutes Zusammenhaltevermögen hat oder zuviel verwendet wird, besteht die Gefahr, daß er in die Luftschicht fällt. Die Folge können Durchfeuchtungen durch die Kapillarwirkung des Mörtels und damit Bauschäden sein. Es

soll deshalb sorgfältig gemauert werden, um das Hineinfallen des Mörtels zu vermeiden.

Schönes Sichtmauerwerk

Bei Sichtmauerwerk fallen kleine Unregelmäßigkeiten oder Fehler leicht auf, deshalb muß auch ein geübter Maurer sorgfältig arbeiten, um ein ansprechendes Bild zu erhalten. Vor Beginn der Arbeiten wird festgelegt, in welchem Verband die Steine gemauert werden sollen. Als Verband wird die Anordnung der Steine zueinander bezeichnet, je nach gewähltem Verband ergibt sich ein anderer Eindruck von der Wand. Es gibt eine Vielzahl von unterschiedlichen Verbänden, die Auswahl erfolgt nach dem persönlichen Geschmack. Einige häufig verwendete werden hier im Bild gezeigt. Die Stoßfugen sollen genau lotrecht in den abwechselnden Schichten übereinander liegen, weil bereits eine geringe Unregelmäßigkeit unangenehm auffällt. Selbst Abweichungen von nur wenigen Millimetern summieren sich bei der Höhe einer Wand, dadurch ergeben sich dann krumme senkrechte Linien im Verband. Die Überbindung, das ist das Maß, mit dem sich die Steine überdecken, soll genau 5,2 cm oder 11,5 cm sein. Beim wilden Verband kann von diesen Regeln abgewichen werden. Er wird häufig bewußt unregelmäßig gemauert und ist dadurch etwas leichter und schneller herzustellen.

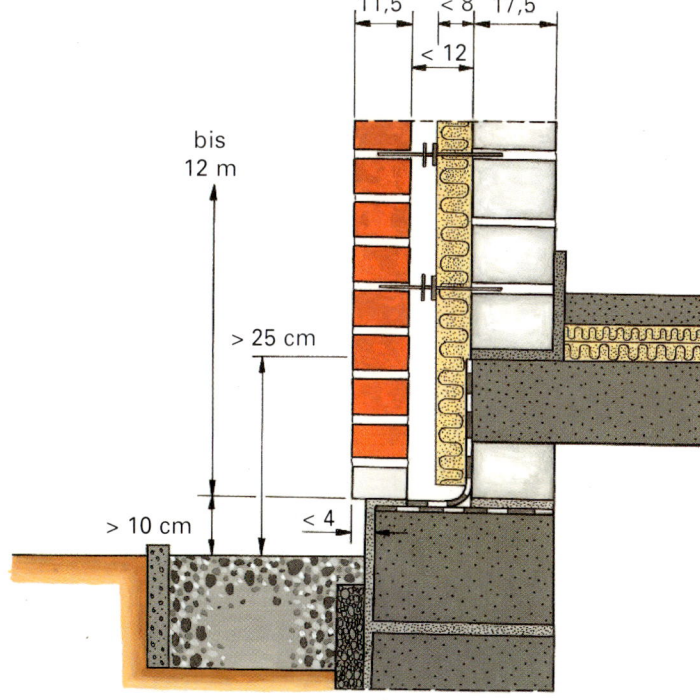

Fußpunkt bei zweischaligem Mauerwerk mit Dämmplatten

Unterschiedliche Arten von Mauerwerksverbänden für Sichtmauerwerk:

Kreuzverband

Blockverband

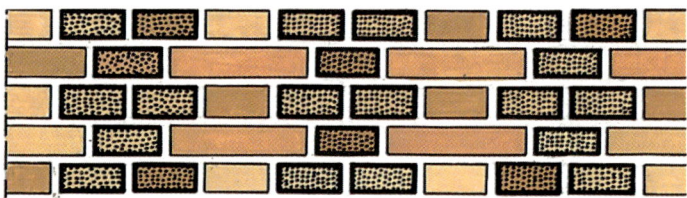

Holländischer Verband

Binderverband

Der wilde Verband ist bewußt unregelmäßig

Steine
nicht beschädigen

Steine für Sichtmauerwerk
müssen beim Transport und
bei der Lagerung vorsichtig
behandelt werden, damit keine Kanten abplatzen. Kalksandsteine werden auch als
besondere Verblendqualität
geliefert, sie haben dann eine besonders saubere Kopf-
und Längsseite. Beim Mau-
ern sind sie entsprechend zu
drehen. Wenn halbe Steine
oder Teilstücke benötigt werden, sollten sie mit einer
Trennscheibe geschnitten
werden. Das Durchhauen
mit dem Maurerhammer,
wie es für einfache Mauersteine üblich ist, führt selte-
ner zu einem guten Ergebnis.

Verschmutzungen
vermeiden

Verschmutzungen durch
Zementspritzer beim Mauern

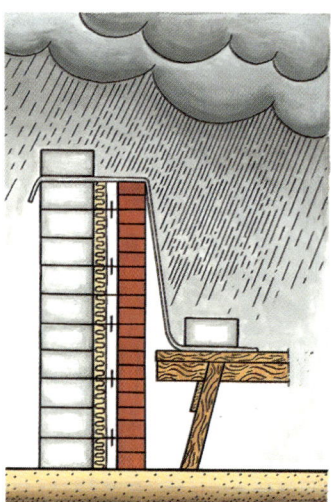

Frisches Sicht- und Verblendmauerwerk muß gegen Schlag-
regen und starke Sonneneinstrahlung geschützt werden

oder durch später folgende Arbeiten wie Verputzen oder Betonieren werden durch Abhängen der Wand mit einer Folie verhindert. Sollten dennoch Zementspritzer auf die Wand gekommen sein, werden sie mit einem nassen Lappen oder Schwamm abgewischt, solange sie noch frisch sind.

Verfugen

Um bei Sichtmauerwerk ein sauberes Bild zu erhalten, muß verfugt werden. Dabei gibt es zwei Möglichkeiten:
• Mauern und Fugen in einem Arbeitsgang – Fugenglattstrich:
Beim Mauern und Fugen in einem Arbeitsgang muß der Mauermörtel ein gutes Zusammenhangs- und Wasser- rückhaltevermögen besitzen. Fertigmörtel ist deshalb besonders gut geeignet. Der Mörtel wird beim Mauern gleichmäßig auf der ganzen Steinfläche aufgetragen, auch die Stoßfuge muß gut gefüllt sein. Beim Aufsetzen und Anschieben der Steine quillt der Mörtel aus den Fugen hervor. Die Wassermenge des Mörtels muß so auf das Saugvermögen der Steine abgestimmt werden, daß der Mörtel nicht an den Steinen herabläuft und sie verschmutzt. Der überquellende Mörtel wird mit der Kelle "abgeschnitten". Schon nach kurzer Zeit wird der Mörtel steif, weil ihm durch die Saugwirkung der Steine Wasser entzogen wird. Nun kann er mit einem

Glattstreichen der Fuge mit der Kelle

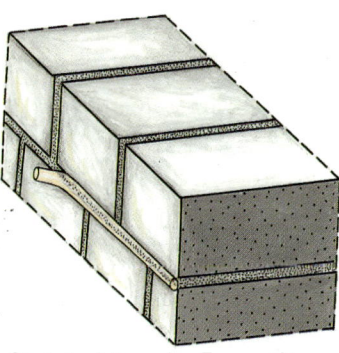

Glattstreichen der Fuge mit einem Schlauchstück

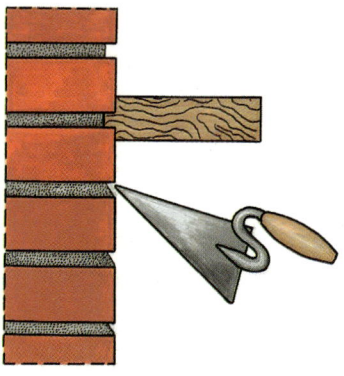

Auskratzen des Fugenmörtels

passend zugeschnittenen Holzspan oder einem Stück Schlauch, das man über eine Fugenkelle zieht, glattgestrichen werden. Wenn beim Mauern die Fugen noch nicht sorgfältig gefüllt wurden, kann auch nachträglich im noch frischen Mauerwerk mit der Fugenkelle mit Mauermörtel nachgebessert und dann glattgestrichen werden. Um ein sauberes Mauerwerk zu erhalten, müssen heruntergelaufene Mörtelreste entfernt werden, bevor der Mörtel fest wird. Es empfiehlt sich, dafür einen nassen Lappen zur Hand zu haben, damit man immer wieder nachwischen kann.
• Nachträgliches Verfugen: Das nachträgliche Verfugen ist mit mehr Arbeit verbunden. Beim Mauern werden die Fugen 1,5 bis 2 cm tief sauber ausgekratzt. Vor dem Fugen wird die Wand gesäubert und je nach Saugfähigkeit der Steine gründlich vorgenäßt. Der Fugenmörtel wird erdfeucht angemacht, er soll sich in der Hand zu geschmeidigen Klumpen formen lassen. Nun wird der Fugenmörtel mit einer Fugenkelle in die Fugen geschoben, dabei hält man in der linken Hand ein Glättbrett mit einem kleinen Mörtelvorrat, von dem man immer entsprechende Mengen abnehmen kann. Der Mörtel wird kräftig mit der Fugenkelle in die Lager- und in die Stoßfuge eingerieben und glattgestrichen. Man kann auch ohne Werkzeug

Nachträgliches Fugen der Wand mit dem Fugeisen

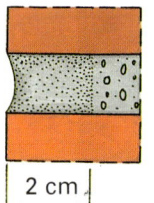 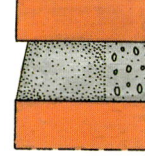 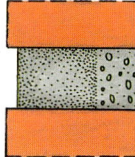

2 cm

Verschiedene Möglichkeiten für Fugenformen

Mörtel in die Fugen einbringen, wenn man in die eine Hand etwas Mörtel nimmt, und ihn mit dem Zeigefinger der anderen Hand in die Fugen schiebt. Anschließend wird wiederum mit der Fugenkelle verdichtet und glattgestrichen. Wenn man Mörtel mit den Händen verarbeitet, sollte man Gummihandschuhe anziehen, da Kalk, Zement und Sand die Hände stark angreifen und zu unangenehmen Verletzungen führen können.

Ausblühungen am Mauerwerk

Am Ziegelmauerwerk können nach dem Aushärten häufig großflächige weißgraue Ablagerungen beobachtet werden. Das sind Ausblühungen, die durch wasserlösliche Stoffe im Mörtel oder in den Steinen entstehen und sich auf der Oberfläche des Mauerwerks niederschlagen. Das im Mauerwerk vorhandene Wasser transportiert die wasserlöslichen Stoffe zur Steinoberfläche, und

durch die Wasserverdunstung lagern sie sich dort ab. Es gibt unterschiedliche Ursachen für diese Ausblühungen, sie können durch den Mörtel, das Anmachwasser oder die Ziegel verursacht werden. Eine häufige Ursache ist der im Mörtel enthaltene Kalk, besonders Wasser- und Luftkalk neigen zu Ausblühungen. Für Sichtmauerwerk wird deshalb die Verwendung von hochhydraulischem Kalk empfohlen. Ein Abbürsten der Ausblühungen mit Wasser oder sogar Salzsäure ist nicht sinnvoll und meist auch nicht erforderlich, da die Ausblühungen nach einiger Zeit durch den Regen abgewaschen werden und nicht wieder auftreten. Bei bleibenden Ausblühungen muß überprüft werden, ob Baufehler aufgetreten sind, beispielsweise aufsteigende Feuchtigkeit aus dem Erdreich.

Mauerziegel

Mauerziegel werden aus Ton und Lehm geformt und gebrannt. Durch den Brand werden sie druckfest, wetterfest, feuerfest und beständig gegen chemische Einflüsse. Sie können gut Wärme speichern und Feuchtigkeit aufnehmen und durch Verdunstung wieder abgeben. Diese Eigenschaften haben einen guten Einfluß auf das Raumklima von mit Ziegeln gebauten Gebäuden. Ziegel werden in unterschiedlichen Ausführungen als Vollziegel und als Hochlochziegel mit verschiedenen Lochformen

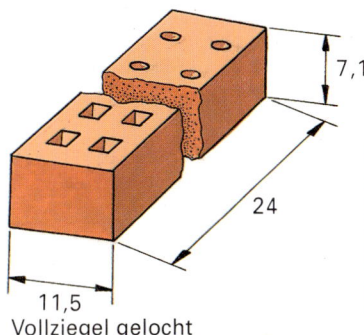

7,1

24

11,5

Vollziegel gelocht

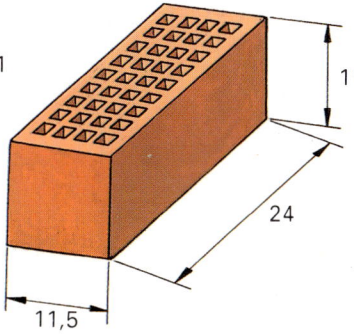

11,3

24

11,5

Langlochziegel

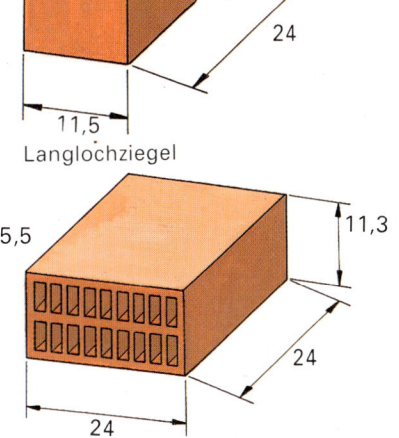

11,3

24

11,5

Langlochziegel

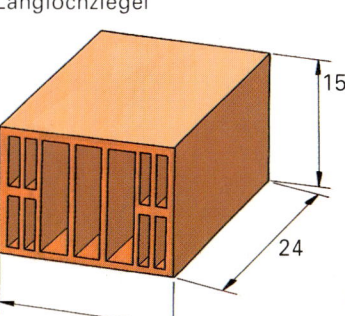

15,5

24

24

Hochlochziegel

11,3

24

24

Hochlochziegel

hergestellt. Lochziegel haben ein geringeres Gewicht als Vollziegel und etwas bessere Wärmedämmeigenschaften. Leichtziegel werden hergestellt, indem man dem Ton vor dem Brennen porenbildende Stoffe beimischt (ein Handelsname ist zum Beispiel Poroton). Die Dichte des Ziegels und damit das Gewicht wird dadurch verringert und die Wärmedämmung deutlich verbessert. Durch das geringere Gewicht können beim Mauern größere Steinformate verarbeitet werden. Leichtziegel werden zum Teil mit einer Verzahnung an den Stirnflächen hergestellt. Die Steine können dadurch ohne Mörtel an den Stoßfugen verarbeitet werden. Sie werden lediglich aneinandergeschoben, die Festigkeit ergibt sich durch die Verzahnung. Dadurch kann Arbeitszeit und Mörtel eingespart werden. Darüber hinaus ist von Vorteil, daß die Wärmedämmeigenschaften des Steins an der Stoßfuge nicht beeinträchtigt werden. Die waagerechte Fuge, die Lagerfuge, muß selbstverständlich auch bei diesen Steinen mit Mörtel versehen werden. Um hier ebenfalls gute Wärme-

Ansetzen eines Leichtziegels mit Verzahnung

dämmung zu erreichen, wird ein Wärmedämmörtel verwendet, der ähnlich wie die Steine Luftporen enthält. Der Wärmedämmörtel wird fertig gemischt in Säcken geliefert und auf der Baustelle mit Wasser angemacht. Beim Mauern wird er wie herkömmlicher Sand-Zement-Mörtel verarbeitet. Klinker bestehen aus dem gleichen Material wie gewöhnliche Mauerziegel, sie werden jedoch bei höherer Temperatur gebrannt. Dadurch sintert das Material, das heißt, der Quarz im Ton schmilzt und verstopft dabei die Poren. Der Stein wird nahezu wasserdicht und hat eine nur geringe Saugfähigkeit. Beim Mauern muß man behutsamer arbeiten und weniger feuchten Mörtel verwenden.

Was ist ...?

- Vollziegel sind Ziegel mit einem Lochanteil von weniger als 15 % der Lagerfläche.
- Hochlochziegel sind senkrecht zur Lagerfläche gelochte Ziegel.
- Handformziegel sind Ziegel mit unregelmäßiger Oberfläche.
- Vormauerziegel sind frostbeständige Ziegel, die beispielsweise für Verblendmauerwerk geeignet sind.
- Klinker sind frostbeständige Ziegel, die an der Oberfläche gesintert sind. Sie haben eine geringe Wasseraufnahmefähigkeit.
- Leichtbetonsteine werden in den gleichen Maßen als Voll- und als Lochsteine hergestellt. Durch die Verwendung von Naturbims als Zuschlag ergibt sich eine Gewichtsersparnis und eine gute Wärmedämmung.
- Kalksandsteine werden sehr häufig verwendet. Sie sind weiß und haben eine glatte Oberfläche. Sie eignen sich hervorragend für Sichtmauerwerk, aber auch für Innen- und Außenwände, die verputzt, verblendet oder verkleidet werden. Kalksandsteine werden aus Kalk und Sand hergestellt und unter Dampfdruck gehärtet. Entsprechend den DIN-Normen für Mauersteine werden sie in verschiedenen Größen und zwei unterschiedlichen Qualitäten hergestellt. Je nach Verwendungszweck benutzt man Vormauersteine oder Verblender. Vormauersteine sind frostsichere Kalksandsteine für die meisten Anwendungen. Kalksandstein-Verblender erfüllen höhere Anforderungen an die Festigkeit, die Maßgenauigkeit und die Frostsicherheit. Sie werden vor allem als Verblender für Außen- oder Innenwände verwendet.
- Gasbetonsteine (Handelsnamen sind zum Beispiel Ytong und Hebel) werden aus mehlfein gemahlenem Quarzsand, Kalk und Zement sowie Wasser und einem Treibmittel hergestellt. In dieser Mischung entsteht Wasserstoff, der das Material aufgehen läßt und Millionen kleiner luftgefüllter Poren erzeugt. Dieses Herstellungsverfahren führt zu besonderen Eigenschaften des Steins. Er ist besonders leicht, dadurch ergeben sich Vorteile beim Transport und bei der Verarbeitung. Auch die Statik eines Hauses kann durch das geringe Gewicht günstig beeinflußt werden. Ein weiterer Vorteil ist die gute Wärmedämmung des Gasbetonsteins. Die Mindestanforderungen der Wärmeschutzverordnung lassen sich häufig ohne zusätzliche Wärmedämmung erfüllen. Darüber hinaus hat der Gasbetonstein ein gutes Diffusionsverhalten. Das heißt, er kann Luftfeuchtigkeit besonders gut aufnehmen und wieder abgeben. Interessant für den Selberbauer ist die gute Bearbeitbarkeit. Gasbetonstein läßt sich mit üblichen Werkzeugen sägen, hobeln, bohren und fräsen. Dadurch lassen sich beispielsweise Paßstücke leicht zuschneiden. Durch das geringe Gewicht sind bei Gasbetonsteinen andere Maße als bei Ziegeln üblich. Das Standardformat hat eine Länge von 50 cm und eine Höhe von 25 cm. Die Steine sind in Dicken von 5, 7,5, 10, 12,5, 15, 17,5, 20, 25, 30 und 37,5 cm erhältlich. Darüber hinaus gibt es eine Vielzahl von Sonderausführungen für bestimmte Anwendungszwecke, beispielsweise Fensterstürze, Treppenstufen, U-Schalen, Deckenplatten, Dachplatten und andere.

Die Steinarten

- Gebrannte Steine: Mauerziegel (Voll- und Hochlochziegel) Leichthochlochziegel Hochfeste Ziegel und Klinker Keramikklinker
- Ungebrannte Steine: Kalksandsteine Hüttensteine Betonsteine Leichtbetonsteine Gasbetonsteine

Steinformate

Die Formate von Mauersteinen sind genormt, sie sind unabhängig vom Material. Aus den Steingrößen ergeben sich auf der Baustelle die Wanddicken. Die Steinformate wurden so ausgewählt, daß man mit kleineren Steinen beim Mauern unter Ein-

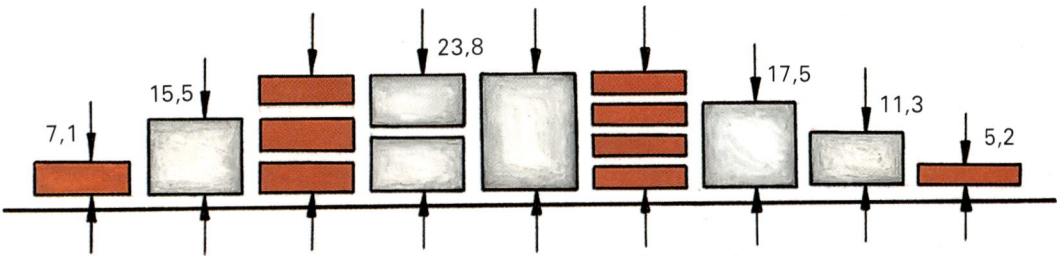

Die Ziegelhöhenmaße sind genormt und ergänzen sich jeweils (in cm)

rechnen der Mörteldicke die Maße der größeren Steine erreichen kann. Die am häufigsten verwendeten Formate sind: Dünnformat (DF), Normalformat (NF), 2x-Dünnformat (2 DF), 3x-Dünnformat (3 DF), 5x-Dünnformat (5 DF). Darüber hinaus gibt es weitere Steingrößen, die von einzelnen Herstellern entwickelt wurden.

Stein- und Mörtelbedarf

Der Mörtelbedarf gilt für Vollsteine, bei Loch- und Hohlblocksteinen müssen etwa 10 % hinzugerechnet werden. Zusätzlich müssen für Stein- und Mörtelverluste auf der Baustelle bis zu 10 % veranschlagt werden.

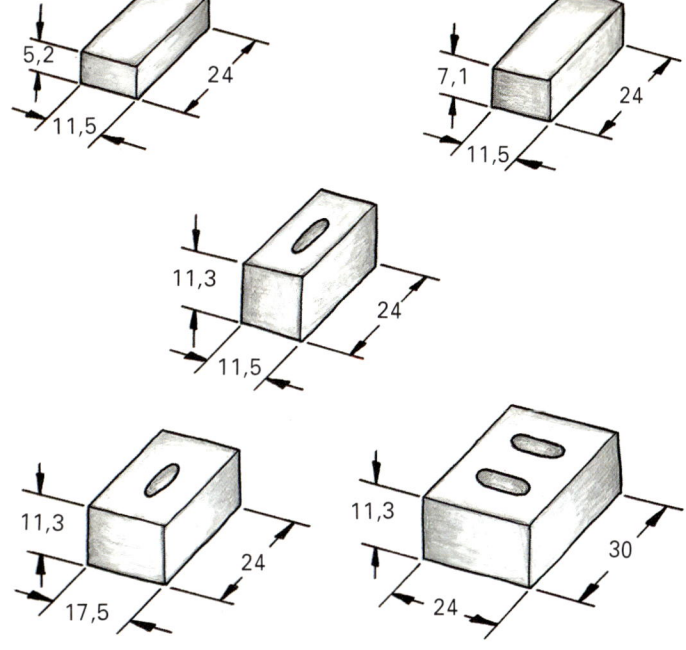

Die gängigen Ziegelformate

	Für 1 m² Wand werden benötigt							
Format	11,5-cm-Mauer		17,5-cm-Mauer		24-cm-Mauer		30-cm-Mauer	
	Steine	Mörtel (Liter)	Steine	Mörtel (Liter)	Steine	Mörtel (Liter)	Steine	Mörtel (Liter)
DF	64	26	–	–	128	62	–	–
NF	48	24	–	–	96	57	–	–
2 DF	32	17	–	–	64	44	–	–
3 DF	–	–	32	26	44	38	–	–
5 DF	–	–	–	–	26	34	32	44

Lagern der Steine auf der Baustelle

Auch wenn Mauersteine recht robust sind, sollten sie auf der Baustelle vor den gröbsten Witterungseinflüssen geschützt werden. Sie werden auf Paletten gelagert, damit sie von unten nicht verschmutzen und keine Feuchtigkeit ziehen. Bei längeranhaltendem Regen werden sie mit einer Plastikfolie abgedeckt, bei großer Hitze sollten sie genäßt werden, damit sie nicht zu sehr austrocknen. Diese Regeln sind für die spätere Verarbeitung wichtig, denn: An durch-

näßten, an zu trockenen und an gefrorenen Steinen haftet der Mörtel sehr schlecht.

Mauersteine müssen vor zu starken Witterungseinflüssen geschützt werden

Wanddicken und Steinformate

Die mögliche Dicke einer Mauer ist abhängig von den zum Mauern verwendeten Steinformaten. Deshalb muß vor der Bestellung der Steine überlegt werden, wie dick die Mauer werden soll und welche Steine dafür verwendet werden können. Üblich sind Mauerdicken von 11,5, 17,5, 24, 30, 36,5 und 49 cm. Die Steinformate für diese Mauerdicken werden so ausgewählt, daß sich die Dicke ohne das Teilen von Steinen erreichen läßt. Eine Wand von 24 cm Dicke be-

Mauerdicken (Nennmaße)						
Format	Mauerdicken in Abhängigkeit von Steinformaten und Verband (Maße in cm)					
	11,5 cm	17,5 cm	24 cm	30 cm	36,5 cm	49 cm
DF/NF	Läufer 24/11,5/5,2 24/11,5/7,1		Block 24/11,5/5,2 24/11,5/7,1	Läufer mit versetzten Stoßfugen aus 2 DF und 3 DF	Block 24/11,5/5,2 24/11,5/7,1	Block 24/11,5/5,2 24/11,5/7,1
2 DF	Läufer 24/11,5/11,3		Block 24/11,5/11,3	24/11,5/11,3 24/17,5/11,3	Block 24/11,5/11,3	Block 24/11,5/11,3
3 DF		Läufer 24/17,5/11,3	Läufer 24/17,5/11,3			
4 DF			Läufer 24/24/11,3			
5 DF			Läufer 30/24/11,3	Läufer 30/24/11,3		

zeichnet man dabei als einsteinische Wand, weil die Dicke der Länge eines Steines im Normalformat entspricht. Eine Wand der Dicke 11,5 cm heißt dementsprechend halbsteinisch, sie entspricht der Breite des Steins. In der nebenstehenden Tabelle ist dargestellt, wie sich die unterschiedlichen Mauerdikken mit verschiedenen Steinformaten erreichen lassen. Beim Mauern muß darauf geachtet werden, daß die Steine immer überbinden, das heißt, daß die senkrechten Stoßfugen nicht übereinanderliegen.

Mauerecken und Kreuzungen

Bei Mauerecken sowie Mauern, die sich kreuzen, muß darauf geachtet werden, daß die Steinschichten eine gute Verbindung miteinander haben. Die senkrechten Stoßfugen dürfen nicht übereinanderliegen. In der Mauerecke oder an der Kreuzung überbinden die Steine abwechselnd von Schicht zu Schicht.

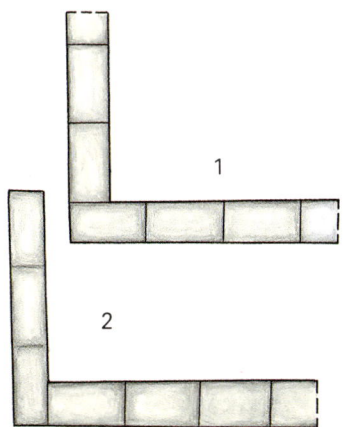

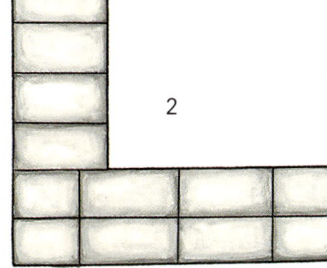

Mauerecken und Mauerkreuzungen: 1 = 1. Schicht; 2 = 2. Schicht

Mauermörtel

Mörtel dient dazu, die Unebenheiten an den miteinander vermauerten Steinen auszugleichen und sie fest miteinander zu verbinden. Der Mörtel soll aber auch elastisch sein, damit das Mauerwerk Setzungen und Erschütterungen aushält. Darüber hinaus soll er im frischen Zustand geschmeidig und gut zu verarbeiten sein. Bindemittel für Mauermörtel sind Kalk und Zement. Der Sand bildet das feste Gerüst, er soll unterschiedliche Korngrößen haben.

Der Sand muß sauber und frei von organischen Stoffen wie Blättern oder Humus sowie frei von Salzen sein. Das bedeutet, daß nur guter Mauersand verarbeitet werden kann. Auf der Baustelle muß er sauber gelagert werden. Das Anmachwasser macht den Mörtel plastisch und verarbeitbar und bringt die chemischen Reaktionen zur Aus-

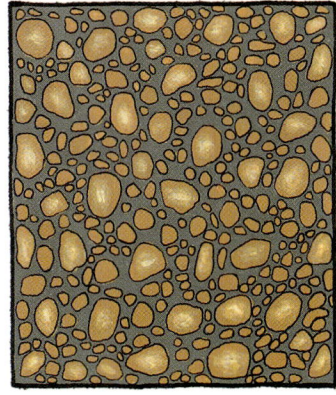

Der Sand soll verschieden große Körner haben, damit die Zwischenräume ausgefüllt sind und nicht zuviel Bindemittel benötigt wird

härtung des Mörtels in Gang. Häufig wird Mauermörtel mit chemischen Zusätzen verarbeitet, vor allem mit luftporenbildenden Mitteln. Der Luftporenbildner verbessert die Verarbeitbarkeit und macht den Mörtel geschmeidiger. Er wird dem Anmachwasser beigemischt, die Mengenangaben sind je nach Fabrikat unterschiedlich und der Aufschrift auf der Verpackung zu entnehmen. Festigkeitsgruppen bei Mauermörtel:

- Mörtelgruppe I ist Kalkmörtel ohne besondere Festigkeitsanforderungen. Er wird für gering belastete Wände verwendet.
- Mörtelgruppe II und IIa umfaßt Kalkmörtel mit höherer Festigkeit und guter Elastizität. Sie dürfen für alle Wände verwendet werden.
- Mörtelgruppe III und IIIa umfaßt Zementmörtel mit hoher Festigkeit für alle Verwendungszwecke. Diese Mörtel sind weniger elastisch und auch nicht so gut verarbeitbar. Sie werden verwendet, wenn besondere Anforderungen an die Festigkeit bestehen.

In der Tabelle werden die Mischungsverhältnisse in Raumteilen angegeben. Auf der Baustelle wird üblicherweise mit der Schaufel abgemessen. Dieses Meßverfahren ist sehr ungenau, weil die Schaufelfüllung je nach Feuchtigkeit des Sandes sehr unterschiedlich ist. Beim Mischen von Hand soll die Sandmenge etwas geringer sein, beim Mischen mit der Maschine ist eine besse-

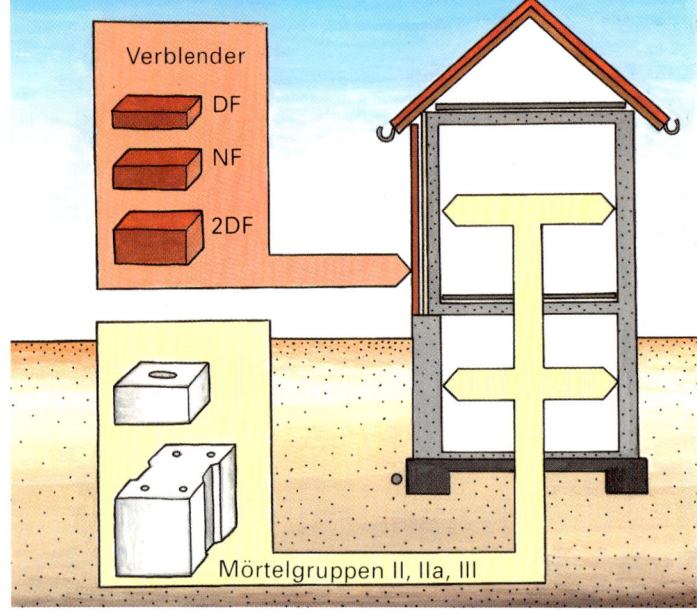

Mörtelgruppen II, IIa, III

Mörtelgruppe	Luft-/Wasserkalk	Hydraul. Kalk	Hochhydraul. Kalk	Zement	Sand
I	1				3
		1			3
			1		4,5
II	2			1	8
				1	3
IIa	1			1	6
			2	1	8
III/IIIa				1	4

Mischungsverhältnisse der Mauermörtel

Mit der Schaufel läßt sich Sand nur ungenau abmessen: Schaufel mit trockenem Sand

... und mit feuchtem Sand

Das Anmachwasser wird in einer Vertiefung in der Mitte der Mischung zugegeben

re Durchmischung gewährleistet. Steht keine Mischmaschine zur Verfügung, wählt man eine feste und saubere Fläche zum Mischen aus. Die benötigte Menge Sand wird in einem kleinen Haufen aufgeworfen, und Kalk oder Zement werden in der erforderlichen Menge zugegeben. Die anzumischenden Mengen sollten nicht zu groß sein, um noch ein gleichmäßiges Verarbeiten möglich zu machen. Mehr

als 20 bis 30 Schaufeln Mischung sollten beim Mischen von Hand nicht bearbeitet werden. Der Haufen wird mit der Schaufel ohne Wasserzugabe mehrmals zur Seite umgesetzt, dabei vermischen sich Sand und Bindemittel. Wenn die Mischung durchgehend eine gleichmäßige Farbe angenommen hat, wird in die Mitte eine Vertiefung geformt und vorsichtig Wasser zugegeben. Nach der Zugabe von Wasser wird nochmals gründlich durchgemischt und immer wieder Wasser in kleinen Mengen zugegeben, bis der Mörtel geschmeidig und gebrauchsfertig ist.

Durch die Zugabe von Wasser verringert sich das Volumen des Mörtels. Man kann davon ausgehen, daß für eine bestimmte Mörtelmenge etwa die 1,6fache Menge Sand und Bindemittel benötigt wird.

3 Eimer Sand und 1 Eimer Bindemittel ergeben nicht 4, sondern nur 2,5 Eimer Mörtel

Kellerwände

Schutz des Kellers vor Feuchtigkeit

Der Bau des Kellers ist ein kritischer Punkt, weil die Wände durch Bodenfeuchtigkeit oder gar drückendes Grundwasser stark belastet werden. Die Wände müssen deshalb von außen gegen Feuchtigkeit besonders geschützt werden. Die Kelleraußenwände werden häufig als Mauerwerk mit Hochlochziegeln oder mit Kalksandsteinen hergestellt. Bei hohem Grundwasserstand oder bei besonderen statischen Belastungen kann der gesamte Keller aus Stahlbeton hergestellt werden. Diese Ausführung dürfte einen Selberbauer überfordern und sollte von einem Bauunternehmen ausgeführt werden, das mit solchen Bauten nachweisbar Erfahrung hat. Ist der Keller erst einmal fertig und sind feuchte Stellen oder Undichtigkeiten aufgetreten, ist es, unabhängig von der Bauweise, kaum noch möglich, nachträglich abzudichten.

Waagerechte Abdichtung

Unbedingt notwendig und auch von den Bauvorschriften her vorgegeben ist die waagerechte Abdichtung im Mauerwerk gegen aufsteigende Feuchtigkeit. Diese Abdichtung besteht aus einem Streifen 500er Bitumenbahn, die als Streifen entsprechend der Wanddicke von 36,5 cm, 30 cm oder 24 cm erhältlich ist. Häufig werden auch Folienstreifen aus schwarzer Dichtfolie verwendet. Die Sperrbahnen müs-

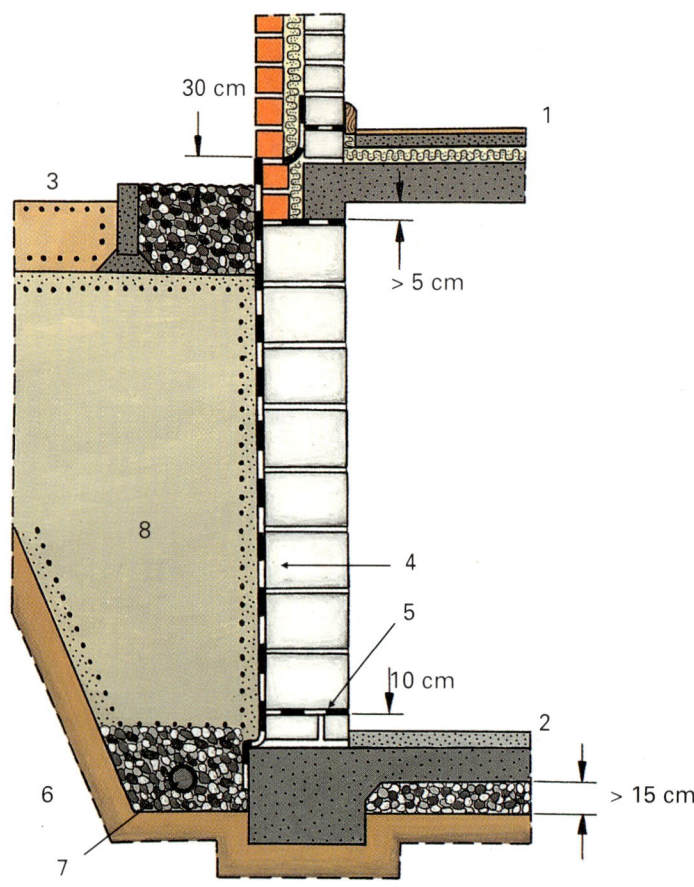

30 cm

1

3

> 5 cm

8

4

5

10 cm

2

6

> 15 cm

7

Abdichtungsmaßnahmen bei geringeren Ansprüchen an die Trok-
kenheit. Die Zahlen bedeuten:
1 Oberkante Erdgeschoßfußboden
2 Oberkante Kellerfußboden
3 Oberkante Gelände
4 senkrechte Abdichtung
5 waagerechte Abdichtung
6 Drainage
7 Kiesschicht
8 feine Kiesschicht oder Drainageplatte

Senkrechte Abdichtung

Die senkrechte Abdichtung
auf der Kelleraußenwand
wird als Bitumenanstrich
oder Dickbeschichtung ausgeführt. Die Wand soll dazu
sauber und glatt gemauert
sein. Die Oberfläche kann
auch mit Mörtel abgerieben
oder verputzt sein, das ist
aber nicht unbedingt notwendig. Die Wand muß vor allem
frei von Fugen und Rissen
sein. Der Übergang vom
Mauerwerk zum Fundament
wird mit einer Hohlkehle ge-
rundet, damit auch an dieser
besonders kritischen Stelle
eine gute Abdichtung mög-
lich ist.

Herstellen einer Hohlkehle

Die Hohlkehle stellt einen
glatten Anschluß zwischen
dem Betonfundament und
der Wand her. Der Absatz
wird zunächst mit Mauermörtel gefüllt und glattgestrichen. Jetzt kommt ein Werkzeug zum Einsatz, das auf
keiner Baustelle fehlen dürfte: die Bierflasche. Mit der
Flasche wird die Hohlkehle
in den frischen Mörtel gezogen. Der Mörtel wird dadurch verdichtet.

Der Absatz zwischen Fundament und Wand wird mit Mörtel gefüllt

sen so in das Mauerwerk eingelegt werden, daß sie auch
den möglicherweise innen
oder außen aufgebrachten
Putz zuverlässig unterbre-
chen. Die einzelnen Bahnen
müssen sich mindestens 10
cm überlappen. Die Sperr-

bahn soll glatt aufliegen,
damit sich keine Mauersplit-
ter durchdrücken können.
Die Schicht unter der Bahn
muß ebenflächig und vollfugig gemauert und vor dem
Ausrollen der Sperrschicht
gesäubert werden.

Der Mörtel wird mit einer Bierflasche geglättet, dadurch wird eine gleichmäßige und glatte Rundung erzielt

Bitumenanstrich

Der Bitumenanstrich setzt eine trockene und glatte, möglichst geputzte Wand voraus. Er kann auf alle Steinarten aufgetragen werden. Im Baustoffhandel sind unterschiedliche Anstrichsysteme zur Außenwandabdichtung erhältlich. Auf stark saugenden Untergrund wird zunächst ein Voranstrich aufgebracht. Die Beschichtung besteht aus einem Grund- und zwei Deckanstrichen. Man sieht häufig auf Baustellen, daß nur einmal gestrichen wird. Damit ist die spätere Undichtigkeit bereits programmiert, da nur mit mehreren übereinander aufgetragenen Schichten eine gleichmäßige Dichtung zu erreichen ist.

Der Bitumenanstrich wird mit dem Pinsel auf die glatte Wand aufgetragen

Elastische Spachtelmasse

Gut geeignet ist auch die Abdichtung mit elastischer spachtelfähiger Dichtmasse. Diese Masse ist sogar in der Lage, feine Risse von 1 bis 2 mm zu überbrücken, die möglicherweise erst später auftreten. Die Spachtelmasse kann bis zu einer Dicke von 7 mm aufgezogen werden, dadurch können auch unverputzte Wände gut abge-

Vor dem Spachteln muß die Wand grundiert werden

Aufziehen des Spachtels mit dem Glättbrett

dichtet werden. Zum Auftragen der Spachtelmasse wird die Wand erst grundiert. Anschließend wird die Bitumen-Spachtelmasse mit einem Glättbrett aus Edelstahl gleichmäßig aufgezogen. In einem Arbeitsgang können Schichtdicken bis 5 mm erreicht werden. Soll die Schicht dicker werden, wird in einem zweiten Arbeitsgang übergespachtelt.

Drückendes Wasser von der Wand fernhalten

Auch wenn die Abdichtung gegen Feuchtigkeit noch so gut und sorgfältig ausgeführt worden ist, sollte man trotzdem dafür sorgen, daß drückendes Wasser von der Wand abgeleitet wird. Vor dem Verfüllen der Baugrube wird deshalb eine Drainageleitung rund um das Haus gelegt, die an eine Abwasserleitung oder einen Pumpensumpf mit Entwässerungspumpe angeschlossen wird. Drainageleitungen bestehen aus gewellten Kunststoffrohren mit Löchern, durch die das anstehende Wasser in das Rohr sickern kann. Eine Ummantelung der Rohre mit Fasermaterial verhindert, daß feine Erdbestandteile mit eingeschwemmt werden und das Rohr zusetzen. Das Drainagerohr wird in einem Bett aus feinem gewaschenem Kies verlegt, der eine Filterwirkung hat und ebenfalls ein Zusetzen des Rohrs verhindert. Das Gefälle des Drainagerohrs soll zwischen 0,5 % und 2 % sein, üblich ist 1 % Gefälle. Wenn die Kelleraußenwand gestrichen ist und das Drainagerohr liegt, kann die Baugrube vor-

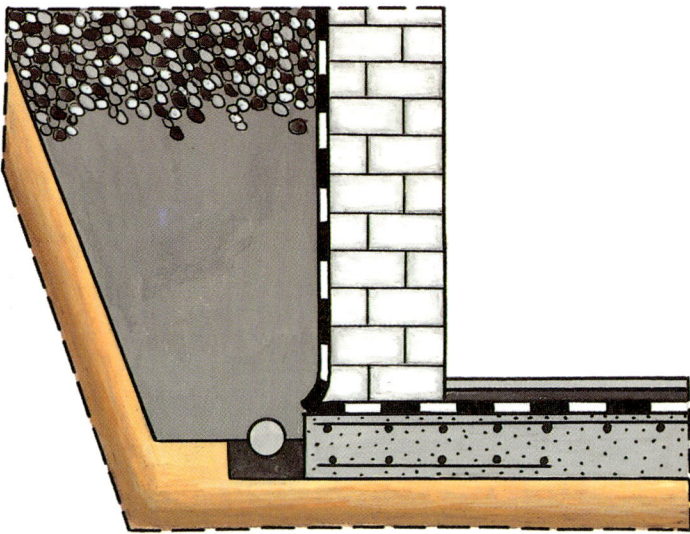

Abdichtung der Außenwand und der Bodenplatte bei hohen Ansprüchen an die Trockenheit der Räume

Mauerwerk hergestellt. Dafür sind drei unterschiedliche Bauweisen üblich:

- Wärmedämmplatten mit Luftschicht
- Kerndämmung ohne Luftschicht mit wasserabweisenden Kerndämmplatten
- Kerndämmung ohne Luftschicht mit Wärmedämmschüttung

Bei der Verwendung von Wärmedämmplatten mit Luftschicht werden Mineralfaserplatten oder Polystyrol-Hartschaumplatten („Styropor") auf der Außenseite der Innenschale der Wand mit Luftschichtankern befestigt. Die Dämmschicht darf bis 8 cm

sichtig wieder verfüllt werden. Man muß darauf achten, daß keine Steine an die Kellerwand stoßen, da sie die Beschichtung beschädigen können. Im Bereich der Außenwand wird in einer Dicke von 10 bis 20 cm mit Kies und nicht mit Erdreich gefüllt. Dadurch entsteht an der Kellerwand eine senkrecht durchlässige Schicht, in der das Wasser bis zur Drainageleitung ablaufen kann. Erst im Zusammenspiel von Abdichtung und Ableitung des Wassers können Kelleraußenwände wirklich dicht werden.

Wärmedämmung

Aufgrund der hohen Anforderungen an die Wärmedämmung eines Wohnhauses werden heute viele Häuser zweischalig mit einer zusätzlichen Wärmedämmung im

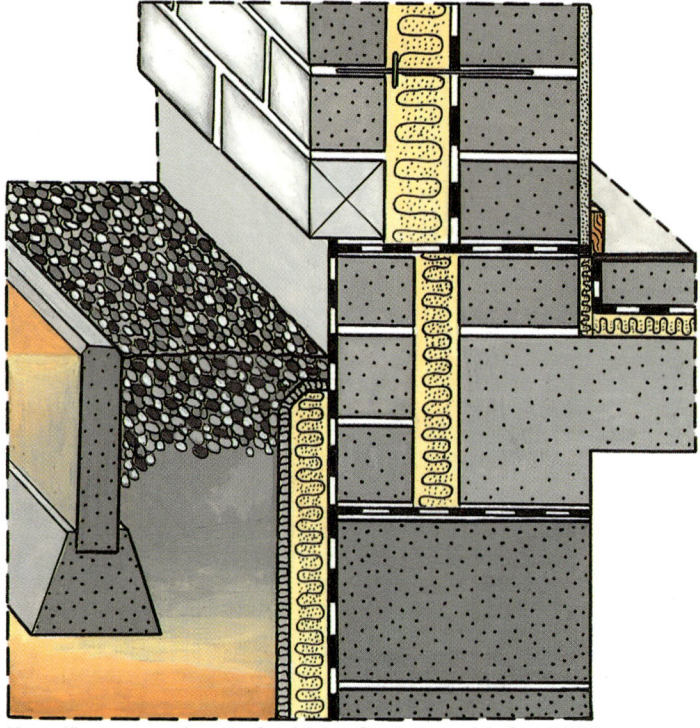

Kerndämmung ohne Luftschicht. Sockelanschluß mit Wärmedämmung der Kelleraußenwand

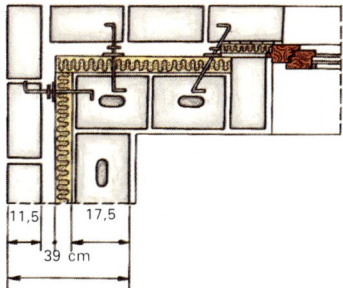

Wärmedämmung mit Luft-schicht

dick sein, die Dicke der Luft-schicht muß mindestens 4 cm betragen. Für die Kern-dämmung ohne Luftschicht wird die Verblendschale di-rekt gegen die Wärmedämm-platten gemauert. Möglicher-weise überquellender Mörtel kann nicht in die Luftschicht fallen, und der gesamte zu-lässige Abstand von 12 cm zwischen Verblendschale und tragender Wand kann mit Wärmedämmplatten ge-füllt werden. Wärmedämm-platten für die Kerndämmung ohne Luftschicht müssen für diesen Zweck besonders geeignet sein. Die Kerndäm-mung ohne Luftschicht mit Wärmedämmschüttung wird durch Einfüllen von schüttba-rem Dämmstoff aus vulkani-schem Gestein („Hyperlite") in den Raum zwischen den Mauerschalen hergestellt. Der Dämmstoff ist wasserab-weisend. Durch lagenweises Einfüllen und Stochern mit ei-ner Latte zur besseren Vertei-lung wird eine lückenlose Fül-lung erreicht und verhindert, daß Wasser hindurchdringt. Am Fußpunkt werden die Stoßfugen zur Belüftung of-fen gelassen, als unterste Schicht wird eine Lage Kies eingefüllt, damit der Dämm-stoff nicht herausrieselt.

Einfüllen von Hyperlite

Überdecken von Fenster- und Türöffnungen

Über Fenster- und Türöffnun-gen muß ein Sturz eingebaut werden, der die Last des da-rüberliegenden Mauerwerks aufnimmt. Das gilt für neu herzustellende Mauern ge-nauso wie für alte, in die ei-ne Tür- oder Fensteröffnung gestemmt wird. Ein Fertig-sturz besteht aus einer U-för-migen Steinschale, in der in einem Betonbett Beweh-rungsstahl liegt, der die Zug-kräfte aufnimmt. Der Sturz soll nach Möglichkeit aus dem gleichen Material sein wie das Mauerwerk. Da-durch werden Putzrisse ver-mieden. Man nimmt also einen Kalksandsteinsturz für Kalksandsteinwände, einen Ziegelsturz für Ziegelwände und so weiter. Die Stürze

sind entsprechend den Steinformaten in den Breiten 11,5 und 17,5 cm sowie un-terschiedlichen Längen er-hältlich. Der Sturz wird beim Hochmauern der Wand so über der Tür- oder Fenster-öffnung im Mörtelbett einge-legt, daß er rechts und links jeweils mindestens 11,5 cm tief im Mauerwerk aufliegt. Die Steinschale liegt dabei unten.

Stürze mit Rissen oder freilie-gendem Bewehrungsstahl dürfen auf keinen Fall ver-wendet werden, da sie be-schädigt sind und die Last des über ihnen liegenden Mauerwerks nicht mehr tra-gen können. Hat der Sturz ei-ne Spannweite von mehr als 1,25 m, muß er beim Mau-ern in der Mitte durch ein Kantholz unterstützt werden. Bei mehr als 2,5 m Spann-weite wird an zwei Stellen unterstützt. Die Stützen blei-ben so lange stehen, bis das Mauerwerk ausreichend fest geworden ist. Das sind in der Regel etwa 7 Tage. Über dem Sturz ist besonders sorgfältig und vollfugig zu mauern.

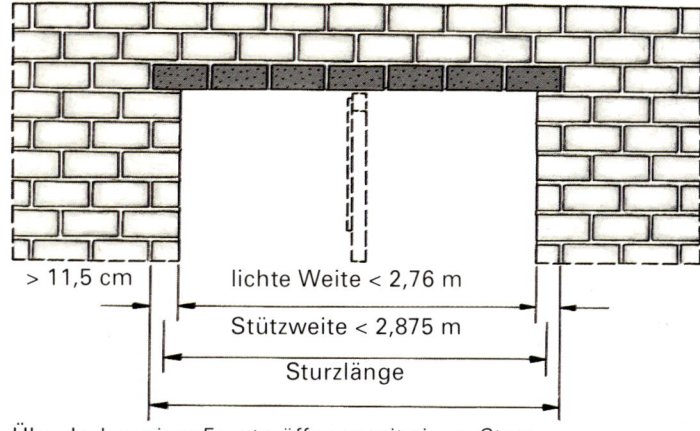

Überdecken einer Fensteröffnung mit einem Sturz

Rollschicht zur Überdeckung von Fenster- und Türöffnungen

Eine Rollschicht mauern

In Verblend- oder Sichtmauerwerk wird über Öffnungen kein Sturz verwendet, da er zu sehr auffällt und unschön wirkt. Es wird deshalb eine Rollschicht gemauert, in der die Steine auf ihren Längsseiten hochkant stehen. Die Rollschicht hat in sich so viel Festigkeit, daß sie auch größere Öffnungen überdecken kann. Damit die Rollschicht auch wirklich hält, muß sie sehr sorgfältig und vollfugig gemauert werden. Es wird die Mörtelgruppe II, IIa oder III verwendet. Stark saugende Steine sind gründlich über längere Zeit zu nässen. Beim Mauern sollen sie aber an der Oberfläche abgetrocknet sein, damit der Mörtel ausreichend anzieht. Zum Mauern muß unter der Rollschicht mit Kanthölzern eine Auflage gebaut werden, die die Rollschicht stützt, bis der Mörtel abgebunden ist.

Einen Ringanker herstellen

Ringanker werden benötigt, um die Festigkeit von Außenwänden zu erhöhen. Sie bestehen aus einer auf der Außenwand umlaufenden Baustahlbewehrung, die in Beton eingebettet ist. Ringanker werden besonders benötigt, um Außenwände mit vielen Öffnungen zu stabilisieren und Kräfte aus der Dachkonstruktion gleichmäßig auf die Wände zu übertragen. Ringanker können hergestellt werden, indem man auf der Wand eine Holzschalung baut, die nach dem Einlegen des Baustahls mit Beton vergossen wird. Diese Konstruktion ist sehr arbeitsaufwendig. In der Regel werden Ringanker deshalb mit U-Steinen gebaut, die wie Mauersteine auf die Wand gesetzt werden. U-Steine gibt es aus den verschiedenen Steinmaterialien wie Kalksandstein, Ziegel, Gasbeton und anderen für die Wand-

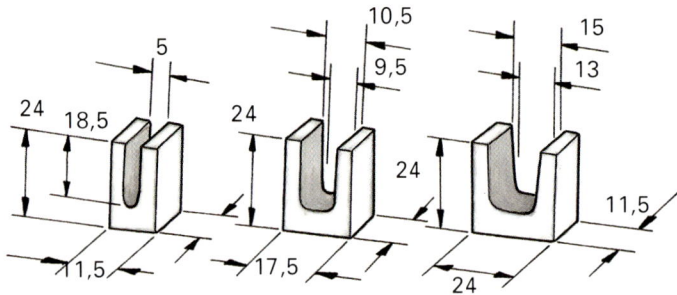

U-Schalen für Ringanker (in mm)

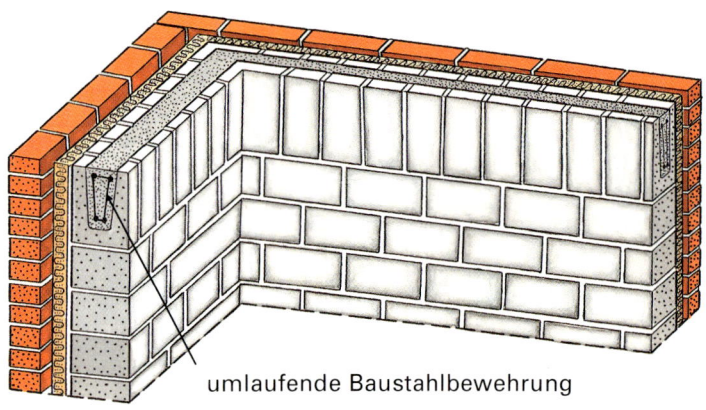

umlaufende Baustahlbewehrung

Ringanker auf einer Außenwand

stärken 11,5 cm, 17,5 cm und 24 cm. Wenn die U-Steine aus dem gleichen Steinmaterial sind wie das Mauerwerk, können sie ohne Schwierigkeiten verputzt oder sogar im Sichtmauerwerk verwendet werden. Bei Sichtmauerwerk werden die Stoßfugen vermörtelt. Sie sind dann von außen kaum von Mauersteinen zu unterscheiden. Wird die Wand verputzt oder mit Verblendern verkleidet, können die U-Steine auch stumpf gestoßen werden. Dadurch ergibt sich beim Mauern eine deutliche Arbeitsersparnis. In der umlaufenden U-Schale wird eine durchlaufende Bewehrung von mindestens zwei Stäben mit 12 mm Durchmesser eingelegt. Der Durchmesser des Stahls und die Anzahl der Stäbe ergeben sich aus der Statik. Wenn die U-Schale fertiggestellt und der Stahl eingelegt ist, wird der Ringanker mit Beton vergossen und verdichtet. Der Ringanker darf erst nach dem vollständigen Aushärten des Betons, das sind etwa 30 Tage, belastet werden.

Mauern mit Gasbeton

Gasbetonsteine haben die klassischen Mauerziegel aus Ton oder Kalksandstein auf vielen Baustellen verdrängt. Sie bieten sowohl in ihren Baustoffeigenschaften als auch in der Verarbeitung einige Vorteile und auch besondere Eigenschaften. Gasbetonsteine sind im Verhältnis zu anderen Steinen sehr

leicht, dadurch lassen sie sich in großen Formaten verarbeiten und sparen Arbeitszeit und damit Kosten. Darüber hinaus lassen sie sich auf der Baustelle recht genau mit einer Handsäge oder mit anderen einfachen Werkzeugen bearbeiten, später beim Innenausbau lassen sich in den Wänden genauso leicht Schlitze fräsen und Löcher bohren. Die leichte Bearbeitbarkeit bringt allerdings auch kleine Schwierigkeiten in der fertigen Wand: Die Befestigung von schweren Regalen oder anderen Teilen mit Dübeln muß sorgfältiger

geplant werden als bei einer massiven Ziegelwand. Es müssen besondere Gasbetondübel verwendet werden, die eine größere Oberfläche als herkömmliche Dübel haben. Die Wärmedämmung von Gasbetonsteinen ist recht gut. Bereits mit einer 30 cm dicken geputzten Außenwand wird ohne zusätzliche Dämmung der in der Wärmeschutzverordnung geforderte Dämmwert erreicht. Dieser Wert ist allerdings so niedrig angesetzt, daß man im Interesse einer zukunftssicheren Wärmedämmung zusätzliche Dämmaßnahmen

Werkzeuge für die Bearbeitung von Gasbetonstein:
1 Hobel zum Ausgleichen von Unebenheiten
2 Rührquirl zum Anrühren des Dünnbettmörtels
3 Widia-Säge zum Schneiden von Paßstücken
4 Gummihammer zum Ausrichten der Steine
5 Zahnkellen in unterschiedlichen Breiten zum Auftragen des Dünnbettmörtels

ergreifen sollte. Da die Gasbetonsteine Feuchtigkeit gut aufnehmen und abgeben können, bleiben sie bei der Verwendung von Trockenkleber oder Dünnbettmörtel recht trocken. Wenn sie während der Bauzeit vor Regen geschützt bleiben, entfällt ein „Trockenwohnen" des Hauses. Sind die Wände allerdings mit Kalk- oder Zementmörtel geputzt, entsteht selbstverständlich die durch das Abbinden und Austrocknen der Wände verursachte Rohbaufeuchte.

Plansteine aus Gasbeton

Plansteine oder Planblöcke, wie unterschiedliche Hersteller ihre Gasbetonsteine nennen, sind mit genauen Maßen, glatten Flächen und rechtwinklig hergestellt. Dadurch ergibt sich die Möglichkeit, sie zu kleben oder mit Dünnbettmörtel zu verarbeiten. Selbstverständlich können sie auch mit herkömmlichem Mauermörtel verarbeitet werden, dadurch ergeben sich allerdings Kältebrücken durch die Fugen.

Verarbeitung mit Dünnbettmörtel

Dünnbettmörtel ist ein besonderer Fertigmörtel, der auf der Baustelle mit Wasser angemacht wird. Zum Durchmischen verwendet man am besten einen Rührquirl mit einer langsam laufenden Handbohrmaschine. Der Mörtel soll so dünnflüssig hergestellt werden, daß er bei der Verarbeitung leicht und vollflächig aus der Zahnung der zum Auftragen verwendeten Zahnkelle austritt. Die auf den Steinen sichtbaren Mör-

telstränge dürfen nicht wieder zusammenlaufen. Nach ausreichendem Mischen ist der Mörtel sofort gebrauchsfertig. Die erste Schicht auf dem Fundament wird auf einer Sperrschicht aus Dachpappe oder Kunststoffolie in einem Mörtelbett aus Mauermörtel der Mörtelgruppe III gemauert. Dabei können Höhenunterschiede und Unregelmäßigkeiten des Fundamentes ausgeglichen werden. Die Stoßfugen werden bereits in der ersten Schicht mit Dünnbettmörtel ausge-

führt. Der Mörtel wird mit einer gezahnten Kelle auf die Lager- und Stoßfuge des Gasbetonsteins aufgetragen. Vorher werden Staub und lose Teilchen abgefegt. Die Kelle sollte die gleiche Breite wie der Stein haben, damit die Flächen in einem Zug vollständig beschichtet werden können. Die Zahnung der Kelle stellt sicher, daß der Dünnbettmörtel in gleichmäßiger Schichtdicke verarbeitet wird und dadurch die Fugen gleichmäßig 1 bis 3 mm dick werden. Bei Gasbetonstei-

Auf dem Fundament wird auf einer Mörtelschicht die Sperrschicht ausgerollt

Die erste Lage der Gasbetonsteine wird im Mörtelbett gemauert

Die erste Schicht muß besonders sorgfältig gemauert werden, sie ist die Grundlage für alle weiteren Schichten

nen mit Nut und Feder wird auf die Stoßfugen kein Mörtel aufgetragen, die Steine werden lediglich gegeneinandergeschoben. Die Plansteine werden nacheinander verlegt, dabei wird darauf geachtet, daß die Wand glatt und fugenfrei ist. Wenn in einer Lage kleine Sprünge von Stein zu Stein auftreten, können sie mit einem Gasbetonsteinhobel oder mit grobem Schleifpapier abgeschliffen werden. Dadurch ist für die nächste Lage wieder eine perfekte Grundlage geschaffen. Die Steine müssen, wie auch herkömmliche Mauerziegel, ausreichend überbinden. Die Steine sollen sich gegenseitig mindestens 10 cm überdecken, damit die Wand eine ausreichende Festigkeit erhält. Wird die gewünschte Geschoßhöhe mit den Plansteinen nicht genau erreicht, müssen die Steine für die letzte Lage in der Höhe zugeschnitten werden. Fenster- und Türöffnungen werden mit Stürzen aus Gasbetonstein überdeckt. Diese Stürze dürfen auf der Baustelle nicht gekürzt werden. Sie enthalten Bewehrung und können durch Abschneiden ihre Festigkeit verlieren. Die Stürze werden in ein Mörtelbett der Mörtelgruppe III verlegt. Bei nichttragenden Stürzen sollen sie rechts und links jeweils mindestens 11,5 cm aufliegen, bei Stürzen in tragenden Wänden mindestens 20 cm. U-Schalen sind ebenfalls aus Gasbetonstein erhältlich. Sie passen in ihren Maßen zu den Plansteinen und können ohne Übergang im Mauerwerk verwendet werden.

Der Mörtel wird mit der Zahnkelle auf die Stoß- und die Lagerfuge aufgetragen

Die Steine mit dem Gummihammer ausrichten

Unebenheiten werden mit dem Hobel oder einem Schleifbrett ausgeglichen

Paßstücke werden mit der Widia-Säge zugeschnitten. Einen genauen rechten Winkel erreicht man mit einem Anreißwinkel

Innenausbau bei Wänden aus Gasbetonstein

- Befestigungen
  Gasbetonstein ist recht weich. Weniger belastete Bauteile, beispielsweise Latten für Holzverkleidungen, können deshalb mit Nägeln befestigt werden. Es sollen nur verzinkte Nägel verwendet werden, im Baustoffhandel sind konische verzinkte Vierkantnägel von 6 bis 18 cm Länge erhältlich. Dübel können ebenfalls verwendet werden, für größere Lasten müssen Gasbetondübel genommen werden. Die Dübellöcher lassen sich leicht mit einem dem Dübeldurchmesser entsprechenden Dorn einschlagen. Steht ein solcher Dorn nicht zur Verfügung, kann man auch eine Maschinenschraube dafür zweckentfremden. Wird das Loch mit Bohrmaschine und Bohrer hergestellt, muß man vorsichtig ohne Schlag bohren, damit das Loch nicht zu groß wird.
- Leitungsschlitze
  Schlitze für elektrische Leitungen kann man mit einem geeigneten Werkzeug, zur Not mit einem Schraubendreher, kratzen. Befestigungslöcher für Schalter und Steckdosen werden mit einem Steckdosenbohrer gebohrt.
- Fliesen
  Fliesen können im Dünnbettverfahren direkt auf das Mauerwerk geklebt werden, wenn es ausreichend eben gemauert ist. Unebenheiten können mit einem Schleifbrett ausgeglichen werden.

- Innenputz
  Die Wände können mit einem auf die Gasbetonsteine abgestimmten Glättputz direkt ohne Vorbehandlung geputzt werden. Die Schichtdicke beträgt 3 bis 5 mm, die Wand muß vorgenäßt werden.

Schlitze für Elektroleitungen können mit einem Schlitzkratzer leicht hergestellt werden

Arbeitsbeispiele

Freistehende Mauer

Freistehende Mauern können den Abschluß einer Terrasse bilden oder aber auch die Grenze eines Grundstücks zum Nachbarn oder zur Straße verdeutlichen. Sie sind ein vollständiges Bauwerk mit Fundament und Abdeckung. Freistehende Mauern, die keine Ecken aufweisen, sind umsturzgefährdet. Das Fundament muß deshalb sorgfältig ausgeführt werden. Die Höhe einer solchen Mauer ist begrenzt, ein Sturm kann eine freistehende Mauer bei zu großen Bauhöhen umstürzen.

Zulässige Höhen von freistehenden Mauern	
Wanddicke (in cm)	zulässige Höhe (in cm)
17,5	137
24,0	188
30,0	240
36,5	316

Die Länge eines einzelnen Mauerabschnittes soll nicht größer sein als 6 bis 8 m. Sind größere Längen erforderlich, muß die Mauer durch Bewegungsfugen getrennt werden. An der senkrechten Bewegungsfuge endet der eine Mauerteil, und es beginnt ein davon unabhängiger neuer Teil.

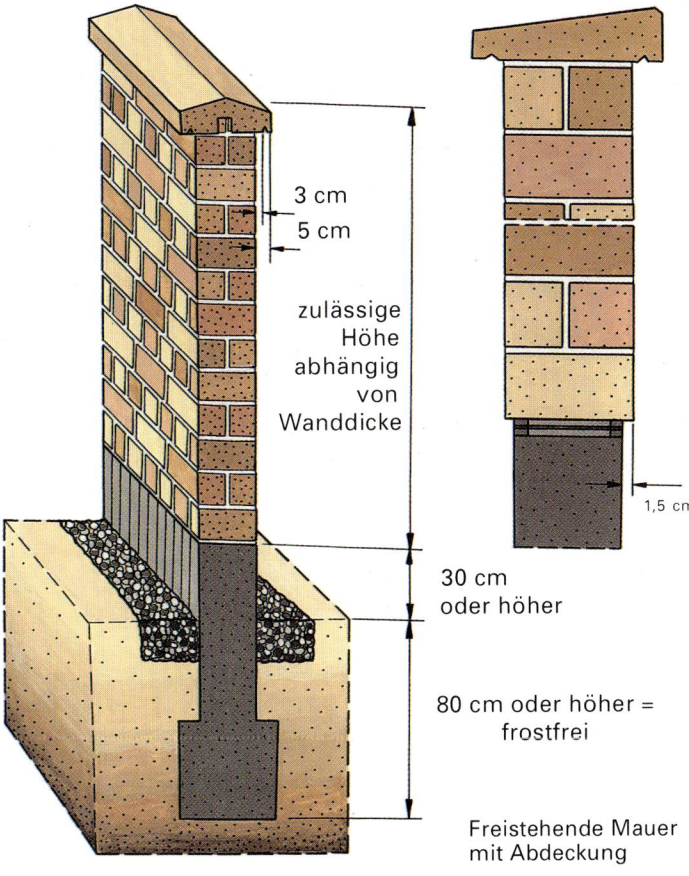

3 cm

5 cm

zulässige
Höhe
abhängig
von
Wanddicke

1,5 cm

30 cm
oder höher

80 cm oder höher =
frostfrei

Freistehende Mauer
mit Abdeckung

Das Fundament

Das Fundament wird, wie bei allen Bauwerken im Freien, wegen der Frostgefahr mindestens 80 cm tief ausgeschachtet. Bei geringeren Tiefen besteht die Gefahr, daß die Mauer bei Frost hochgedrückt wird und reißt. Der Fundamentgraben wird sauber gegen Grund ausgeschachtet, damit so wenig wie möglich zum Betonieren geschalt werden muß. Damit aufsteigende Feuchtigkeit und Spritzwasser dem Mauerwerk im Laufe der Zeit nicht schaden, wird das Fundament bis mindestens 30 cm hoch über dem Erdboden eingeschalt. In das Fundament können einige Eisen als Bewehrung eingelegt werden.

Steinarten

Es können je nach Geschmack alle Arten von Steinen gewählt werden. Besonders geeignet sind Klinker, Verblender und Kalksandsteine. Es empfiehlt sich, Sichtmauerwerk zu verwenden und nicht zu verputzen, da eine freistehende Mauer starken Witterungsbelastungen ausgesetzt ist, Putz platzt dadurch unter Umständen ab. Bei Kalksandsteinen können auch großformatige Steine genommen werden, sie bringen eine deutliche Arbeitsersparnis und ein interessantes Aussehen.

Die Mauer

Das Mauerwerk wird nach dem Aushärten des Betons auf das Fundament gemauert. Vor dem Mauern der untersten Schicht wird eine Bitumenbahn (Dachpappe)

Die Steine werden im Verband gemauert, der überquellende Mörtel wird sofort entfernt

Die Senkrechte wird mit der Wasserwaage geprüft

oder eine Dichtfolie auf das Fundament gelegt, sie verhindert, daß Feuchtigkeit vom Untergrund in die Steine zieht. Auf der Bitumenbahn wird im Mörtelbett die erste Reihe sorgfältig waagerecht und gerade entlang einer gespannten Maurerschnur gemauert. Bei der ersten Schicht empfiehlt sich besondere Sorgfalt, Fehler können in den höheren Schichten schlecht ausgeglichen werden. Ist die erste Schicht in Ordnung, können zügig je nach gewähltem Verband die weiteren Schichten hochgemauert werden.

Abdeckung
Zum Schutz vor Regen und Verwitterung muß die Mauer so abgedeckt werden, daß das Wasser in mindestens 3 cm Abstand von der Wand abtropft. Als Abdeckung sind Beton-Fertigplatten gut geeignet, die in verschiedenen Ausführungen erhältlich sind. Die Platten werden im Mörtelbett verlegt, die Fugen zwischen den Platten mit dauerelastischem Dichtungsmaterial sorgfältig abgedichtet. Gut ist auch eine Abdeckung aus hartgebrannten frostfesten Fliesen. Sie können im Mörtelbett verlegt oder mit Flie-

senkleber geklebt werden. Unregelmäßigkeiten im Mauerwerk müssen vor dem Kleben der Fliesen durch eine glatte Mörtelschicht ausgeglichen werden.

Fensterbank

Fenster haben innen und außen eine Sohlbank, die mit Platten aus Natur- oder Kunststein oder mit Fliesen oder Klinkern abgedeckt wird. Die Sohlbank ist gemauert oder, besonders über Heizkörpernischen, aus Beton hergestellt. Die Fensterbank wird nach Einbau des Fensters hergestellt. Anhand der folgenden Bilder wird beschrieben, wie eine Außen- oder Innenfensterbank aus Klinkern gemauert wird. Die innere Fensterbank soll waagerecht ohne Gefälle sein, damit sie als Ablage oder für Blumentöpfe genutzt werden kann. Die äußere Fensterbank hat ein Gefälle von mindestens 1 bis 2 cm nach außen, damit das Regenwasser ablaufen kann.

Fensterbank außen
Damit die Platten genau fluchtend verlegt werden, wird mit Mauerhaken ein Brett befestigt und mit der Wasserwaage ausgerichtet. Die Oberkante des Brettes dient beim Mauern als Auflage für die Fliesen, die Höhe muß entsprechend dem gewünschten Gefälle genau ausgemessen werden. Damit das Mauerwerk dem Mörtel nicht zu schnell das Wasser entzieht, wird gründlich vorgenäßt. Dann wird die Sohlbank mit Mauermör-

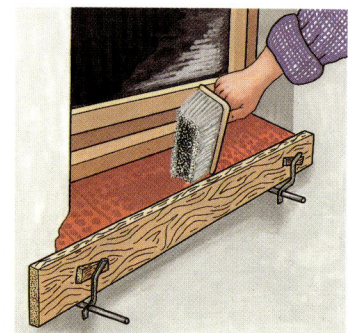

Herstellen einer Fensterbank: Der Untergrund wird gründlich vorgenäßt

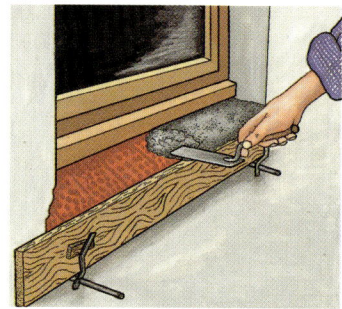

Danach wird mit Mörtel aufgefüllt. Die Lehre dient zum Glattstreichen des Mörtels

Zur Verbesserung der Haftung wird der Mörtel mit Zement gepudert

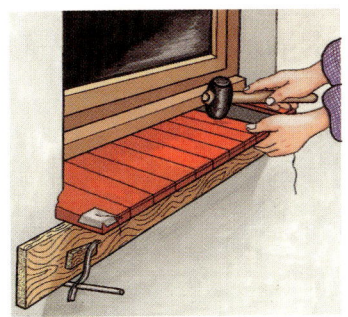

Die Spaltklinker werden in das Mörtelbett eingelegt und ausgerichtet

Die Fugen werden eingeschlämmt, danach die Fensterbank gründlich reinigen

tel aufgefüllt und mit der Kelle entlang der oberen Brettkante glattgestrichen. Wie immer bei der Verarbeitung von hartgebrannten Klinkern wird die frische Mörteloberfläche mit etwas Zement gepudert. Dadurch wird die Verbindung des Klinkers mit dem Mörtel verbessert. Die Platten werden auf der ganzen Fensterbankbreite so verteilt, daß die Fugen gleichmäßig breit sind. Auf jeden Fall sollte vermieden werden, die Platten in der Breite zu schneiden, statt dessen wird mit der Breite der Fugen ausgeglichen. Am nächsten Tag, wenn der Mörtel angezogen hat, kann gefugt werden. Im Außenbereich kann dafür der

gröbere Mauermörtel verwendet werden. Im Innenbereich wird wegen der glatteren Oberfläche Fugenmörtel genommen. Der Fugenmörtel wird in die Fugen eingeschlämmt, anschließend werden die Platten mit einem feuchten Lappen oder Schwamm gründlich gereinigt. Wenn dann noch mit einem trockenen Lappen sorgfältig nachgewischt wird, ist die Fensterbank fertig. Fugen und Reinigen muß vorsichtig geschehen, da der Zement frisch ist und die Platten noch nicht fest sitzen.

Fensterbank innen
Die Fensterbank innen kann genauso wie die Außenfensterbank hergestellt werden. Häufig aber werden innen durchgehende Fensterbänke aus Natur- oder Kunststein eingebaut. Diese Platten sind in unterschiedlichen Maßen je nach Fenstergröße fertig erhältlich, oder aber sie müssen für Sondermaße zugeschnitten werden. Die Platte soll 3 bis 4 cm länger sein als die lichte Fensteröffnung. Damit die Fensterbank eingesetzt werden kann, muß die Fensterlaibung rechts und links an der Auflagefläche der Fensterbank entsprechend aufgestemmt werden. Die Fensterbank wird in ein ganzflächiges Mörtelbett eingelegt und mit der Wasserwaage in Längs- und Querrichtung ausgerichtet. Mit einer kleinen Kelle werden die Ausbrüche in der Putzfläche mit Putzmörtel verschmiert und mit einem Glättbrett bündig zur Wandfläche abgerieben.

Die Innenfensterbank wird im Mörtelbett eingelegt ...

... und die Wandanschlüsse werden angeputzt

Der frische Mörtel wird mit dem Glättbrett abgerieben, um einen sauberen Übergang zur Wand zu erzielen

Holzfachwerk ausfachen

Neue oder alte Fachwerkhäuser mit einer gemauerten Ausfachung haben einen besonderen Reiz. Er kommt aus dem Gegensatz zwischen den unterschiedlichen Materialien Holz und Stein und von den verschiedenen Farben, die diese Materialien haben. Auch technisch ist diese Bauweise günstig. Die Balkenkonstruktion nimmt die Kräfte auf, die auf das Haus wirken, und die Ausfachung wirkt aussteifend und erhöht die Standfestigkeit. Zur Ausfachung können alle Arten von Mauersteinen verwendet werden. Sehr schön wirkt eine Ausfachung, wenn sie als Sichtmauerwerk mit Verblendern ausgeführt wird. Rote oder braune Handformziegel unterstreichen dabei den Charakter eines alten Bauernhauses. Interessant ist auch der Gegensatz zwischen weißen Kalksandsteinverblendern und einem dunklen Holzfachwerk. Bei der Ausfachung muß berücksichtigt werden, daß Holz ständig „arbeitet" und daß Stein und Holz sich bei Temperaturänderungen unterschiedlich ausdehnen. Dadurch entstehen ständig kaum merkliche Bewegungen zwischen Holz und Stein. Damit dadurch keine Risse im Mauerwerk und Fugen zwischen Holz und Stein entstehen und die Verbindung auf Dauer fest und dicht bleibt, muß die Bewegung in der Wand beim Mauern berücksichtigt werden. Bei der Verwendung von Fachwerk besteht die Ge-

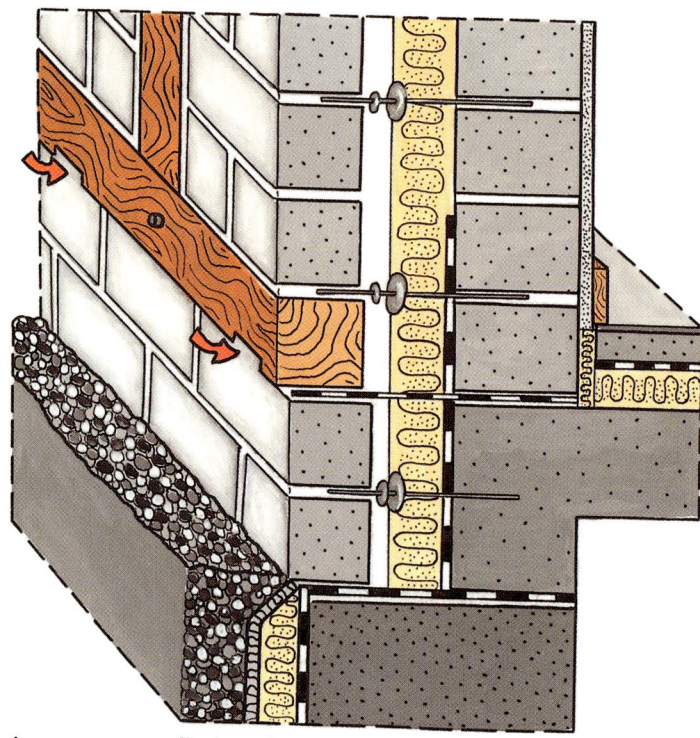

Ausgemauertes Fachwerk mit Dämmschicht

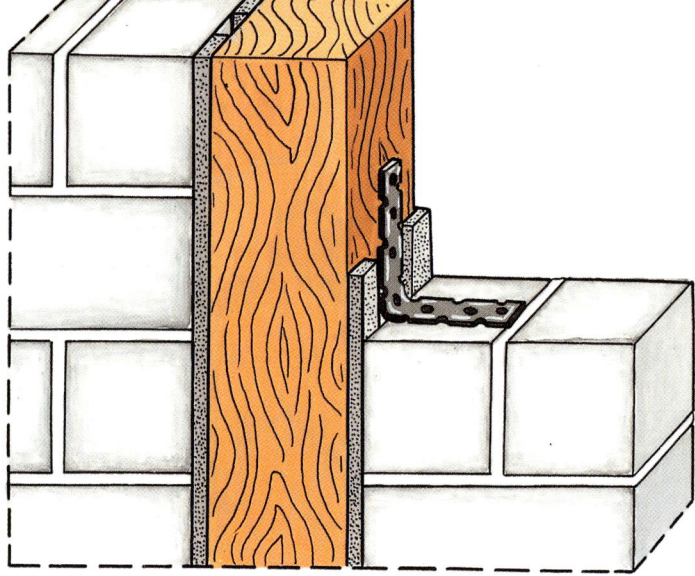

Befestigung der Ausmauerung mit Winkeln

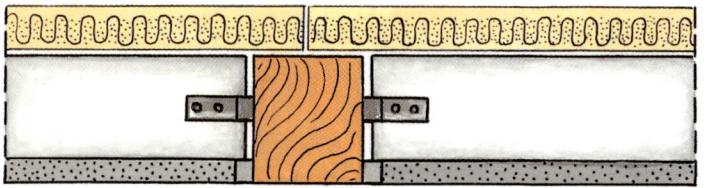

Holz soll möglichst nur im Innenbereich überputzt werden, da außen die Witterungsbelastung zu groß ist

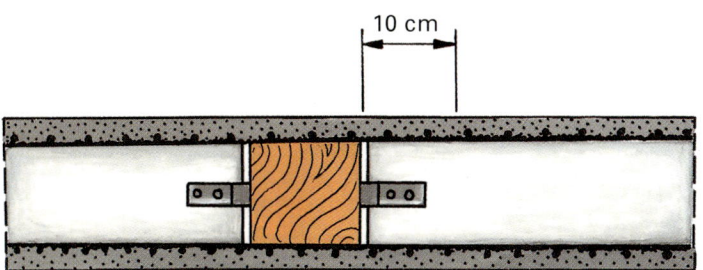

10 cm

Verputztes Mauerwerk im Fachwerk

fahr, daß das Holz fault, wenn die Wand nicht ausreichend belüftet und entwässert wird. Unter dem unteren Querbalken muß deshalb auf jeden Fall eine Dichtbahn verlegt werden. Zusätzlich muß durch Öffnungen unten und oben in der Wand die Möglichkeit geschaffen werden, daß in der Luftschicht ständig Luft zirkuliert.

Die Verbindung zwischen Holz und Ausmauerung muß in Längsrichtung der Wand nachgiebig sein, damit Bewegungen nicht zu Rissen führen. Quer zur Wand muß die Verbindung fest sein. Das erreicht man durch die Verwendung von Edelstahl-Flachankern (aus dem Baustoffhandel), die im Schraubstock zum Winkel gebogen und mit verzinkten Breitkopfnägeln an den senkrechten Balken des Fachwerks befestigt

werden. Dabei ist es ausreichend, wenn in jeder zweiten oder dritten Schicht ein Winkel verwendet wird. Die Steine sollen zu den waagerechten und senkrechten Balken eine Fugenbreite, das sind 10 bis 15 mm, Abstand haben. Das bedeutet, daß man sich vor Beginn der Maurerarbeiten auf dem Holz die Steinhöhen und Fugenbreiten anzeichnet und die Fugenbreite so ausgleicht, daß die Fächer gleichmäßig ausgefüllt werden. Wenn irgendwie möglich, sollte man vermeiden, den Stein in der Höhe zu teilen, da solche falsche Formate ein sehr häßliches Bild geben. Besser ist es, bei ungünstigen Maßen des Fachwerks die Fugen etwas breiter (oder schmaler) als üblich zu machen. Die unterste Steinschicht wird satt aufliegend im Mörtelbett ge-

mauert. Um sich das Einhalten eines gleichmäßigen seitlichen Abstandes zu den senkrechten Balken zu erleichtern, kann man beim Mauern eine Leiste in der gewünschten Fugendicke zwischen Stein und Mauerwerk einlegen. Verblendmauerwerk wird nach Aushärten des Mauermörtels sauber gefugt, auch die Fuge zwischen Holz und Stein. Anstelle von Mörtel kann man für die senkrechte Fuge am Holz schon beim Mauern auch ein elastisches selbstklebendes Dichtungsband verwenden, das die Formänderungen aufnimmt und dabei gegen Eindringen von Feuchtigkeit abdichtet. Die Ausfachung kann selbstverständlich auch verputzt werden.

Da der Übergang zwischen Putzschicht und Holz besonders empfindlich ist und nie rißfrei bleibt, legt man während des Putzens eine etwa 10 mm breite Holzleiste ein, die für eine gleichmäßige Fuge sorgt. Nach dem Aushärten des Putzes wird diese Fuge mit dauerelastischem Dichtmittel ausgespritzt. Dadurch entsteht eine rißfreie Fuge, die alle Bewegungen der Wand aufnimmt und darüber hinaus wind- und regendicht bleibt. Bei Innenwänden können die Holzständer auch in einer Fläche zusammen mit der Wand verputzt werden. Dazu werden sie vorher mit Putzträger verkleidet, beispielsweise mit Streckmetall oder Ziegeldraht. Der Putzträger verhindert eine Übertragung der Bewegung des Holzes auf den Putz und dadurch die Rißbildung.

Rohrleitungen verkleiden

Rohre für Trinkwasser, Abwasser oder die Heizung werden häufig in Ecken von Räumen verlegt, wenn für andere, unauffälligere Lösungen kein Platz vorhanden ist. Damit sie wenig auffallen, werden sie ummauert und verputzt. Alle Maurerarbeiten wie solche Verkleidungen oder auch das Mauern einer Trennwand in einem Raum sollen auf dem Rohfußboden errichtet werden. Auf einem schwimmenden Estrich darf nichts gebaut werden, da er beweglich ist und das Mauerwerk reißen und einstürzen kann. Falls schon Estrich vorhanden ist, muß er an der Stelle, wo die Wand gemauert werden soll, weggestemmt werden. Vor Beginn der Maurerarbeiten muß von einem Statiker überprüft werden, ob die Geschoßdecke die zusätzliche Belastung verkraftet. Die Rohrverkleidung in diesem Beispiel kann aus hochkant gestellten Kalksandsteinen oder 5 cm dünnen Gasbetonplatten gemauert werden, da sie keinen großen Belastungen ausgesetzt ist. Die Grundlage ist ein sattes Mörtelbett für die erste Steinreihe. Darauf wird die erste Lage aufgemauert und mit Zollstock und Wasserwaage überprüft. Die zweite und die folgenden Lagen werden so gemauert, daß die Fugen in den aufeinanderfolgenden Schichten nicht übereinanderliegen. Besonders an der Außenecke müssen sich die Steine abwechselnd überdecken. Wenn am Wandanschluß die Steinlän-

ge ausgeglichen werden muß, wird eine Lücke von bis zu etwa 4 cm mit Mörtel aufgefüllt, größere Abstände werden mit einem geteilten Stein ausgeglichen. Um eine bessere Verbindung der Ver-

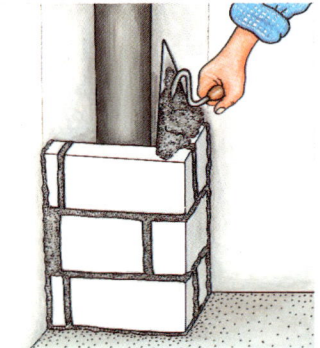

Durch Ummauern von Rohrleitungen entsteht ein Versorgungsschacht

kleidung mit der bestehenden Wand zu erreichen, sollte in jeder zweiten bis dritten Steinreihe ein Luftschichtanker mit Dübel in die Wand gesetzt werden. Der Luftschichtanker wird in der Lagerfuge mit eingemauert und gibt der Verkleidung Halt. Genausogut kann man anstelle der Luftschichtanker 4 bis 5 cm lange Schrauben mit Dübeln in die Wand setzen. Damit gewährleistet ist, daß die Verkleidung genau senkrecht wird, muß immer wieder mit der Wasserwaage kontrolliert werden. Sehr hilfreich ist ein senkrechter Bleistiftstrich auf der Wand, an dem entlanggemauert wird. Nach dem Abbinden des Zements wird verputzt.

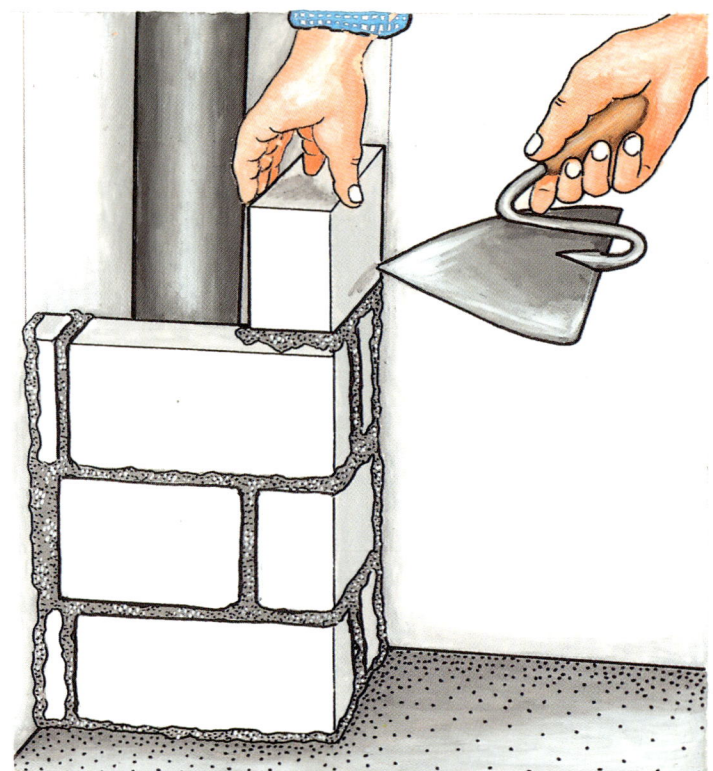

An der Außenecke müssen die Steine gut überbinden

Putzen

Putz schützt die Wand vor Witterungseinflüssen und
verschönt sie. Er kann die Wärmedämmung verbessern
und als gestaltendes Element einer Wand eingesetzt
werden. Mit Fertigputz wird die Verarbeitung vereinfacht,
und auch kleine Mengen stehen dem Selbermacher
zur Verfügung

So wird geputzt

Wände werden aus unterschiedlichen Gründen geputzt: um ein besonderes Aussehen der Wand zu erhalten, um die Wand vor Durchfeuchtung zu schützen, um die Wärmedämmung zu erhöhen oder, beispielsweise bei Küchen oder Badezimmern, um die Luftfeuchtigkeit durch Aufnahme und Abgabe von Wasserdampf zu regulieren. Um diese unterschiedlichen Anforderungen zu erfüllen, werden zum Putzen von Wänden unterschiedliche Materialien verwendet. Das Putzen gehört für Selbermacher zu den schwierigeren Arbeiten. Um eine größere Wandfläche wirklich sauber und eben zu putzen, sollte man schon einige Male geübt haben. Einfacher sind kleine Flickarbeiten, beispielsweise das Ausbessern von Löchern im Putz oder das Anputzen von kleinen Flächen bei Reparaturarbeiten.

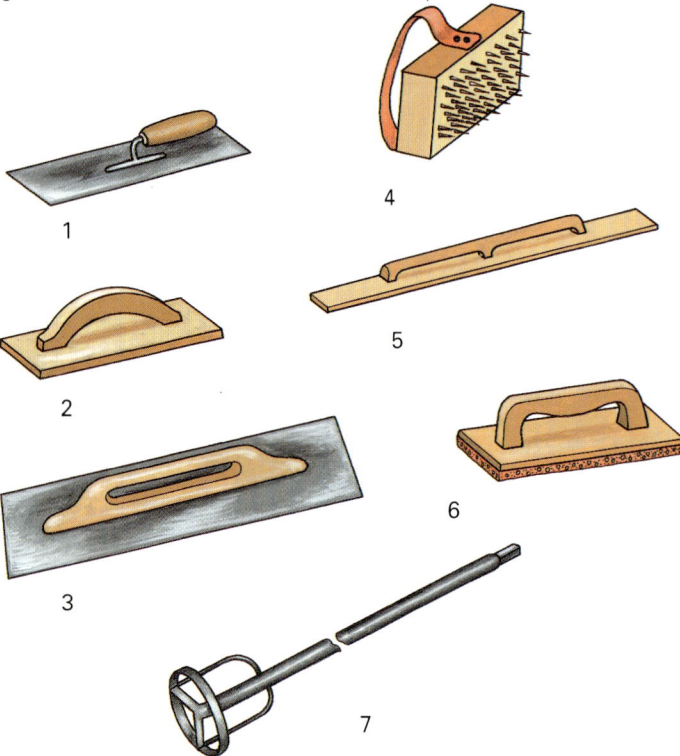

Zum Putzen verwendete Werkzeuge:
1 Glättkelle aus Edelstahl zum Aufziehen des Putzes
2 Reibebrett zum Glätten und Verdichten
3 Aufzieher (Traufel) aus Edelstahl, mit dem Putz breit aufgezogen wird
4 Nagelbrett zum Aufrauhen des Unterputzes
5 Kardätsche zum Abziehen des Putzes
6 Filzbrett zum Anfeuchten und Glätten der Oberfläche
7 Rührquirl zum Mischen

Den Untergrund vorbereiten

Eine Wand kann nur dann gut geputzt werden, wenn sie sauber, saugfähig und rauh ist. Deshalb müssen Staub- und Schmutzschichten entfernt werden. Der Untergrund muß ausreichend trocken sein, Betonplatten müssen etwa 4 Wochen trocknen, bis sie geputzt werden können. In den Wänden darf keine aufsteigende Feuchtigkeit auftreten. Gute Saugfähigkeit der Wand und eine rauhe Oberfläche führen zu einer guten Verzahnung zwischen Putz und Untergrund. Gut putzen lassen sich deshalb Wände aus Bimsbeton und Porenziegeln. Eine stark saugende Wand sollte bei warmem Wetter vorgenäßt werden, damit dem Mörtel das Wasser nicht zu schnell entzogen wird. Bei schwach saugendem Untergrund wie Beton verbessert ein Spritzbewurf aus Zementmörtel die Verbindung zwischen Stein und Putz. Die Wand wird durch den Spritzbewurf rauher und nimmt die Feuchtigkeit gleichmäßig auf. Auf Holzbal-

Das Mauerwerk wird vorgenäßt, damit der Putz ausreichend Feuchtigkeit zum Abbinden hat

ken oder Stahlträgern hält kein Putz. Sie müssen vor dem Putzen mit einem Putzträger aus Drahtgewebe oder Streckmetall verkleidet werden. Vorbehandlung verschiedener Steine:

- Bimsbetonstein:
  Durch die rauhe Oberfläche haftet der Putz gut. Mäßige Saugfähigkeit. Kein Spritzbewurf nötig, eventuell Vornässen des Untergrundes.
- Gasbeton:
  Gasbeton saugt sehr stark. Deshalb ist ein Haftbrükkenanstrich oder ein volldeckender Spritzbewurf notwendig.
- Kalksandstein:
  Kalksandsteine haben eine glatte Oberfläche und saugen stark. Deshalb ist eine Vorbehandlung mit einem Haftbrückenanstrich oder einem Spritzbewurf notwendig.
- Mischmauerwerk:
  Da die unterschiedlichen Baustoffe ein unterschiedliches Saugverhalten haben, ist ein volldeckender Spritzbewurf notwendig.

Spritzbewurf

Spritzbewurf wird hergestellt, indem man fast dünnflüssigen Mörtel mit der Kelle mit kräftigem Schwung anwirft. Dabei müssen auch leere Fugen und andere Vertiefungen in der Wand, beispielsweise Nuten an der Kopfseite von Hohlblocksteinen, mit Mörtel gefüllt werden. Damit dem Mörtel die zum Abbinden notwendige Feuchtigkeit nicht entzogen wird, wird die Wand vorge-

Der Spritzbewurf wird mit Schwung auf die Wand aufgetragen

Der Mörtel für den Spritzbewurf muß so dünnflüssig sein, daß er von der Kelle läuft

näßt. Sie soll gleichmäßig feucht, aber nicht naß sein. Mörtel für Spritzbewurf wird in einem so flüssigen Zustand verarbeitet, daß bei waagerechter Kelle nur eine geringe Mörtelmenge auf der Kelle liegenbleibt. Während der Arbeit muß der Mörtel immer wieder durchgemischt werden, da er sich sehr schnell absetzt. Die

Oberfläche des Spritzbewurfs wird nicht glattgerieben, behält also ihre rauhe, unregelmäßige Struktur. Bei stark saugendem Untergrund wird auf den vorgenäßten Untergrund ein volldeckender Spritzbewurf aufgebracht. Bei schwach saugendem Untergrund ist ein nicht volldeckender „warzenförmiger" Spritzbewurf ausreichend. Es wird lediglich so viel Mörtel angeworfen, daß der Putzgrund noch durchscheint. Auf dem warzenförmigen Spritzbewurf darf nach mindestens 12 Stunden geputzt werden, wenn er so fest geworden ist, daß er sich mit der Hand nicht mehr abwischen läßt. Wird mehrere Millimeter dick in geschlossener Lage vorgespritzt, muß länger gewartet werden.

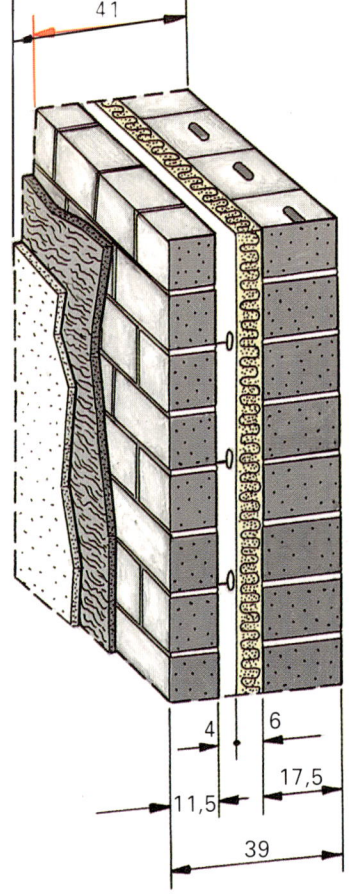

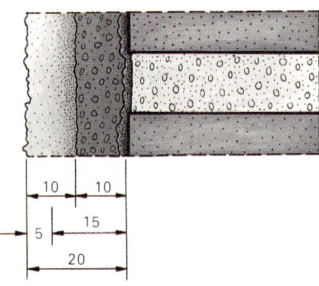

Aufbau des Putzes auf der Außenwand (oben: cm; unten: mm)

Putzen

Es kann in einer oder in mehreren Lagen geputzt werden. Außenputz soll in zwei Lagen in etwa 2 cm Gesamtdicke aufgetragen werden, Innenputz 15 mm dick. Zu dünner Putz könnte die durch Feuchtigkeit und Temperaturunterschiede entstehenden Spannungen nicht ausgleichen. Putz muß langsam und bei ausreichender Luftfeuchtigkeit abbinden, er darf deshalb nicht künstlich getrocknet werden. Putz aus Kalk oder Zement wird bei trockenem Wetter durch Anspritzen von Wasser feucht gehalten. Frischer Außenputz soll vor Wind und starkem Sonnenschein geschützt werden.
Achtung! Kalk-, Gips- und Zementmörtel haben ätzende Wirkung. Wenn Spritzer in die Augen gelangen, muß das Auge sofort mit Wasser gespült werden. Auch die Hände reagieren empfindlich auf Mörtel, deshalb werden zum Arbeiten Gummihandschuhe empfohlen.

Unterputz

Die erste Putzschicht, der Unterputz, wird in einer Dikke von 10 bis 15 mm aufgetragen. Die Festigkeit dieser Putzschicht sollte größer oder genauso groß wie die der zweiten Putzschicht sein. Grundsätzlich gilt, daß die Festigkeit der Putzschichten von innen nach außen abnehmen oder gleichbleiben soll. Der Mörtel darf in einem Arbeitsgang nur so dick aufgetragen werden, daß er

gut haftet und nicht abrutscht. Die zweite Putzschicht wird erst aufgebracht, wenn die erste Schicht hart geworden ist. Um die Haftung zu verbessern, kann der Unterputz mit einem Nagelbrett aufgerauht werden. Um eine gute Haftung am Mauerwerk zu erreichen, wird der Mörtel kräftig von unten nach oben angeworfen. Die Mörtelbatzen müssen sich gegenseitig überdecken. Wird der Mörtel nur mit einem Glättbrett aufgezogen, können zwischen Putz und Wand luftgefüllte Hohlräume entstehen, die unter Umständen zum Abfallen des Putzes führen. Eine größere Wand wird nicht in einem Durchgang in der ganzen Fläche geputzt, sondern nacheinander in Einzelflächen von einer Größe bis etwa 1 x 2 m. Dadurch erreicht man, daß der frische Mörtel während der Dauer der Arbeit gleichmäßig gut zu bearbeiten ist. Der angeworfene Mörtel wird mit einem langen Reibebrett, der Kardätsche, abgezogen. Sie wird am Fußboden angesetzt und mit seitlichen Hin- und Herbewegungen aufwärts gezogen. Überschüssiger Mörtel, der sich auf der Kardätsche sammelt, wird mit der Kelle abgenommen und in Vertiefungen des Putzes angeworfen. Das Abziehen wird wiederholt, bis die frische Putzfläche eben ist. Die Putzfläche wird anschließend mit dem Reibebrett abgerieben, damit die Oberfläche gleichmäßig glatt und dicht wird. Damit muß so lange gewartet werden, bis der Putzmörtel angezogen hat. Mit dem

Der Putz wird in Batzen von unten nach oben angeworfen

Anschließend wird er mit einem Brett oder der Kardätsche abgezogen und geglättet

Der frische Mörtel wird mit kreisförmigen Bewegungen abgezogen

In der Bodenecke wird der frische Putz mit der Kardätsche „gestoßen", damit die Ecke zwischen Boden und Mauer scharfkantig wird

Daumen läßt er sich dann kaum noch eindrücken. Zu weicher Mörtel wird beim Abreiben wellig. Mit dem Reibebrett wird kreisförmig mit leichtem Druck die ganze Fläche abgerieben. Ist der Mörtel zwischenzeitlich zu fest geworden, kann er mit dem Quast leicht angenäßt werden. Die Bodenecke wird sauber hergestellt, indem man die Kardätsche hochkant in die Ecke setzt und mit leichtem Druck hin- und herbewegt. Der am Boden liegende überschüssige Mörtel wird mit der Kelle aufgenommen. Auch die Bodenecke wird mit dem Reibebrett nachgearbeitet. Die Ebenheit der Putzfläche wird während des Putzens mit einer geraden Latte oder einem Brett immer wieder überprüft. Die Latte wird in verschiedenen Richtungen angelegt, sie muß in ganzer Länge auf der Putzfläche anliegen.

Dämmputz als Unterputz

Um die Wärmedämmung der Wand zu verbessern, kann mit Dämmputz geputzt werden. Wie jede Wärmedämmung, sollte auch der Dämmputz auf der Außenseite der Außenwände aufgebracht werden. Dämmputz ist trockener Fertigputz, der auf der Baustelle mit Wasser angemacht wird. Die Dämmwirkung wird durch werkseitig beigemischte Polystyrolkügelchen erzielt. Da Dämmputz sehr leicht ist, kann er in einer Schichtdicke bis 5 cm auf einmal aufgezogen werden. Werden größere Schichtdicken (bis 6 cm) gewünscht, muß zweilagig geputzt werden. Auf den

Dämmputz kommt noch ein Oberputz, der für gutes Aussehen sorgt und die Oberfläche schützt.

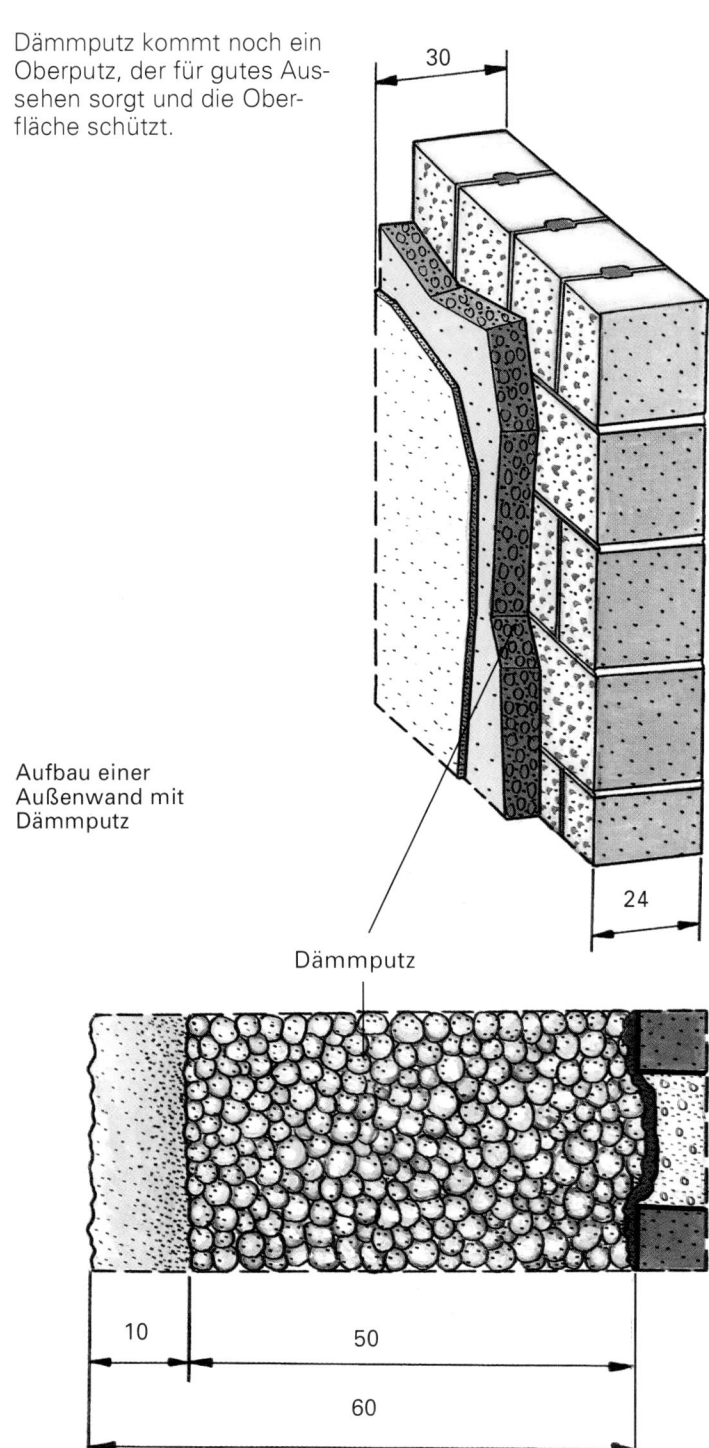

Aufbau einer Außenwand mit Dämmputz

Dämmputz

Eckschutzschienen

Außenecken von Wänden, beispielsweise an Fensterlaibungen, sind empfindlich und werden bei der Nutzung der Räume leicht beschädigt. Vor dem Putzen werden deshalb Eckschutzschienen aus Metall auf die Ecken gesetzt. Die Eckschutzschienen werden mit übergeputzt, so daß sie im Putz liegen und nur eine schmale Kante an der äußeren Ecke sichtbar bleibt. Diese Metallkante schützt den Putz an der Ecke, die Ecke bleibt scharfkantig. Es reicht aus, Eckschutzschienen nur in dem Bereich anzubringen, in dem man üblicherweise an die Wand anstoßen kann. Das bedeutet, daß an einer Ecke die Schiene nur bis zu einer Höhe von 1,20 bis 1,50 m Höhe reichen muß, da darüber kaum die Gefahr einer Beschädigung besteht. Entsprechend der gewünschten Länge wird das Eckprofil mit einer Eisensäge zugeschnitten. Das weiche Streckmetall wird mit der Blechschere geschnitten. An den Enden wird das Streckmetall leicht nach innen gebogen, damit es später nicht durch die dünne Putzschicht nach außen dringt. Auf die Ecke werden im Abstand von etwa 50 cm Gipsbatzen gesetzt, und die Eckschutzschiene wird in den Gips eingedrückt. Mit der Wasserwaage wird nachgemessen, und Abweichungen der Ecke von der Senkrechten werden mit der Schiene ausgeglichen, solange der Gips noch frisch ist. Wenn die Eckschutzschiene fest sitzt, kann die Wand geputzt werden.

Verwenden von Putzlehren

Auch für Maurer ist es nicht immer leicht, eine genau gerade Putzfläche herzustellen, sie verwenden deshalb häufig Putzlehren. Das können Latten von 1 bis 1,5 cm Dikke sein, die mit Mauerhaken an der zu putzenden Wand befestigt werden, oder Putzleisten aus verzinktem Stahlblech, die mit Gipsmörtel befestigt werden. Die Putzlehren werden mit der Wasserwaage auf genaues Einhalten der Senkrechten überprüft. Beim Abziehen des Putzes mit der Kardätsche kann man an den Putzlehren entlang ziehen und hat dadurch die Gewähr, daß die Fläche gerade und eben wird.

Putzmörtel		
Mörtelzusammensetzung nach Gruppen	Eigenschaften	Verwendung
P I Kalkmörtel	gut verarbeitbar und atmungsfähig	Innenputz
P II Kalkzementmörtel	fester als Gruppe P I	Außenputz
P III Zementmörtel	fest und beständig sowie wenig elastisch	Sockelputz Außenputz
P IV Gipsmörtel	schnell härtend und gut atmungsfähig	Innenputz
P V Anhydritmörtel	schnell härtend und gut atmungsfähig	Innenputz

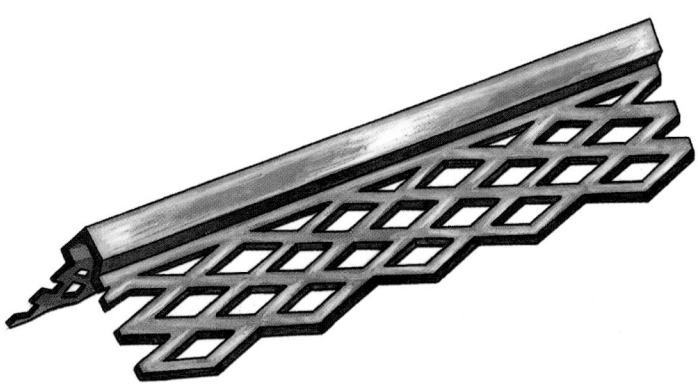

Eckschutzschiene aus Streckmetall

Oberputz

Um ein gutes Aussehen der Wand zu erreichen, stehen neben dem selbstgemischten Putzmörtel eine Vielzahl von fertig gemischten Edelputzen zur Verfügung. Das Edle an einem solchen Putz ist weniger das gute Aussehen, sondern die Beschaffenheit der dafür verwendeten Rohstoffe, die dem Putz eine gute Qualität und Beständigkeit verleihen. Durch die Beimischung von Farbstoffen und besonderen Sandsorten erübrigt sich häufig das Anstreichen der geputzten Wand. Die Struktur des Putzes richtet sich vor allem nach der Korngröße der Zuschlagsstoffe, die von fein (0 bis 3 mm) bis grob (9 mm) gehen kann. Beim Abreiben der Wand mit dem Glättbrett ergeben sich durch das Mitreißen der Körner unterschiedliche Strukturen, je nachdem, ob mit dem Glättbrett waagerecht, senkrecht oder kreisförmig abgerieben wird. Darüber hinaus kann der Putz auch mit der Kelle, einem Zahnspachtel oder anderen Werkzeugen nach Wunsch strukturiert werden.

Mit dem Zahnspachtel können verschiedene Muster in den Edelputz gekratzt werden

Die Putzoberfläche kann bei Bedarf mit einer Strukturrolle bearbeitet werden

Kellenstrich für eine rustikale Oberfläche

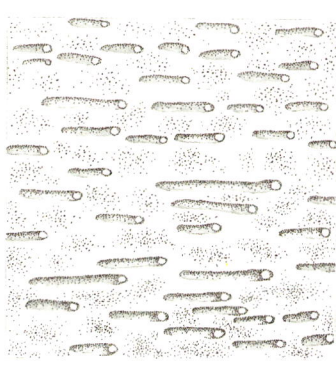

Edelputz mit Reibekorn

Feinputzmörtel als Innenputz

Als Oberputz für Innenwände wird häufig Feinputz aus fertig gemischtem Trockenmörtel verwendet. Zum Anmischen nimmt man die Handbohrmaschine mit Rührquirl. Der Mörtel wird nach Herstellervorschrift mit Wasser angemacht und durchgemischt, bis er glatt und cremeartig ist. Der Oberputz kann aufgetragen werden, wenn der Unterputz so fest geworden ist, daß er die neue Putzlage tragen kann. Mit dem Daumen ist er dann nicht mehr einzudrücken. Ist der Unterputz zu trocken, wird er vorgenäßt. Der Oberputz wird 2 bis 3 mm dick mit der Traufel aufgezogen. Sie wird dazu in die linke Hand genommen, der Mörtel

Der Fertigputz wird mit Wasser angemacht und mit dem Rührquirl gründlich durchgemischt

Den Feinputz mit der Kelle auf die Traufel geben ...

... unten in der Bodenecke ansetzen ...

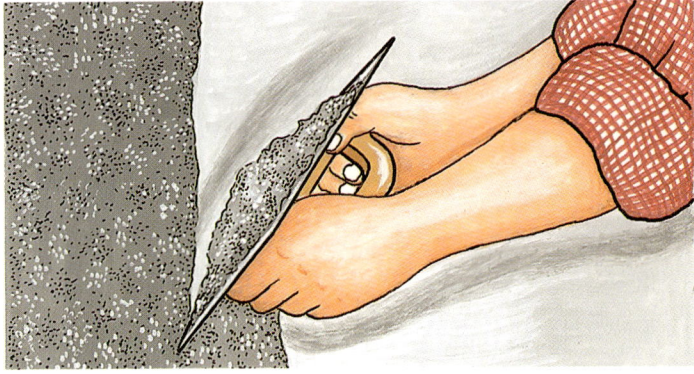

... und ihn mit beiden Händen nach oben aufziehen

Ansätze und Unebenheiten werden nachgearbeitet

Die Oberfläche wird mit dem Filzbrett geglättet

Mit dem Glättbrett wird die ganze Oberfläche kreisförmig abgerieben

wird mit der rechten Hand mit Hilfe der Kelle auf die Traufel gegeben. Dann faßt man die Traufel mit beiden Händen, setzt sie unten an der Wand schräg an und zieht sie gleichmäßig mit leichtem Druck nach oben. Die nächsten Bahnen werden genauso wieder von unten nach oben aufgezogen, bis die ganze Putzfläche in einer gleichmäßigen dünnen Schicht aufgetragen ist. Grobe Unebenheiten und die Ansätze der Bahnen werden während der Arbeit mit der Traufel ausgeglichen. Zum Glätten wird die Wand zunächst mit dem nassen Filzbrett abgerieben. Das Filzbrett wird in Wasser getaucht, beim Herausnehmen läßt man das überschüssige Wasser ablaufen. Der Putz wird mit kreisenden Bewegungen und leichtem Druck abgerieben, dabei wird die Oberfläche angefeuchtet, verdichtet und geglättet. Zum Schluß wird der Putz noch mit dem Glättbrett abgerieben, um eine ganz ebene und glatte Oberfläche zu erhalten. Die Glättkelle wird leicht schräg angesetzt und mit Gefühl in halbkreisförmigen Bewegungen über den Putz geführt. Die Kelle soll nicht auf der ganzen Fläche aufliegen, die vordere Kante wird leicht angehoben.

Putzmörtel

Putzmörtel werden an Innen- und an Außenwänden verarbeitet. Es werden andere Anforderungen als an Mauermörtel gestellt, deshalb kann nicht der gleiche Mörtel verwendet werden. Putzmörtel sollen bei der Verarbeitung geschmeidig sein und auf der Wand gut haften. Sie sollen nach dem Aushärten so fest werden, daß sie den zu erwartenden Belastungen standhalten. Sie müssen aber auch so elastisch bleiben, daß sie bei kleinen Setzungen und Bewegungen der Wände sowie bei Spannungen durch Temperaturunterschiede nicht reißen oder gar abblättern. Je nach Verwendungszweck müssen sie unterschiedliche Anforderungen erfüllen. So müssen Innenputze in der Lage sein, durch das Atmen der Bewohner und durch Kochen oder Duschen entstehenden Wasserdampf aufzunehmen, damit die Wände nicht „schwit-

zen". Außenputze müssen wasserabweisend sein, damit Regen nicht in die Wände eindringen kann. Ein Sokkelputz soll darüber hinaus sogar noch gegen drückendes Wasser aus dem Boden abdichten. Diese unterschiedlichen Anforderungen an den Putz lassen sich nur durch unterschiedliche Materialien erfüllen, die jeweils auf den Verwendungszweck abgestimmt sein müssen. Für diese unterschiedlichen Belastungen werden 5 Gruppen unterschiedlicher Putzmörtel verwendet (siehe Tabelle). Als Bindemittel für Putzmörtel werden Kalk, Zement, Gips und Anhydrit verwendet. Als Zuschlag wird Sand in unterschiedlichen Körnungen genommen.

Anmachen des Putzmörtels

Wie auch bei der Herstellung von Mauermörtel ist das Mischungsverhältnis bei Putzmörtel abhängig davon, ob

von Hand oder mit der Maschine gemischt wird. Da sich die Bestandteile beim Mischen von Hand nicht so gut miteinander vermengen, muß der Sandanteil etwas geringer als beim Mischen mit der Maschine sein. In der Tabelle mit den Mischungsverhältnissen wird also beim Mischen von Hand der kleinere der angegeben Werte gewählt. Die Mischungsverhältnisse sind in Raumteilen angegebenen, auf der Baustelle wird üblicherweise mit der Schaufel abgemessen. Dieses Meßverfahren ist sehr ungenau, weil die Schaufelfüllung je nach Feuchtigkeit des Sandes sehr unterschiedlich ist. Die Mörtelbestandteile müssen sehr sorgfältig gemischt werden, da der Zement- oder Kalkbrei möglichst alle Sandkörner dicht umhüllen soll. Man erkennt eine gute Mischung an der gleichmäßigen Färbung. Kleine Mengen können von Hand gemischt werden, größere Mengen verarbeitet man besser in ei-

Anmachen des Putzmörtels		
Mörtelzusammensetzung	Eigenschaften	Verwendung
P I Kalkmörtel	gut verarbeitbar und atmungsaktiv	Innenputz
P II Kalkzementmörtel	fester als Gruppe P I	Außenputz
P III Zementmörtel	fest und beständig wenig elastisch	Sockelputz Außenputz
P IV Gipsmörtel	schnell härtend gut atmungsfähig	Innenputz
P V Anhydritmörtel	schnell härtend gut atmungsfähig	Innenputz

Mörtelgruppe	Luft-/ Wasserkalk	Hydraulischer Kalk	Hochhydraul. Kalk	Zement	Sand
Mischungsverhältnisse von Putzmörtel					
P I	1				3,5–4,5
		1			3–4
			1		3–4
P II	1,5 oder 2			1	9–11
P III	bis 0,5			2 1	6–8 3–4
P IV	Gipsmörtel wird ohne Sand oder als Gipssandmörtel mit 1 bis 3 Teilen Sand verarbeitet.				
P V	Anhydritmörtel wird aus 1 Teil Anhydrit und bis zu 2,5 Teilen Sand gemischt.				

Mischen mit der Hand:
4 Teile Sand ...

... und 1 Teil Kalk (ggf. auch Zement) werden in den Maurereimer gegeben

Die Masse wird gründlich durchgemischt. Dafür eignet sich der Kalkspatel besonders gut

Es wird soviel Anmachwasser zugegeben und weiter gemischt, bis der Mörtel die optimale Feuchtigkeit und Geschmeidigkeit hat

ner Mischmaschine. Für die Herstellung von Zementmörtel werden Zement und Sand trocken gemischt und dann das Wasser zugegeben. Kalkmörtel kann genauso hergestellt werden, wenn der Sand trocken ist. Bei feuchtem Sand kann der Kalk Klumpen bilden, deshalb wird er zunächst mit Wasser angemacht, und anschließend wird der Sand dem Kalkbrei zugegeben. Zur Herstellung von Gipsmörtel wird der Gips in das Anmachwasser eingestreut. Nach kurzer Sumpfzeit wird der Mörtel verrührt. Putzmörtel können auch als Trockenmörtel fertig gemischt in Säcken gekauft werden. Der Vorteil dieses Fertigmörtels ist, daß er gleichmäßig und in richtigen Anteilen zueinander gemischt ist. Dadurch kann man auf eine Mischmaschine verzichten, der Mörtel muß lediglich mit Wasser angemacht werden.
Der Preis ist allerdings etwas höher als bei dem auf der Baustelle selbst gemischten Mörtel.

Mörtelvergütung

Putzmörtel wird häufig mit einer Mörtelvergütung angemacht. Mörtelvergütung ist eine Kunststoffdispersion, die dem Anmachwasser in einem vom Hersteller vorgeschriebenen Mischungsverhältnis beigemischt wird. Der Putz wird dadurch bei der Verarbeitung geschmeidiger, und die Klebkraft wird deutlich verbessert. Dadurch ist der Mörtel besser zum Flicken und Ausgleichen geeignet, zum Beispiel bei der Reparatur ausgetretener Treppenstufen. Die beim Trocknen des Mörtels auftretenden Schwindspannungen werden verringert, dadurch wird das Auftreten von Rissen vor allem in dickeren Mörtelschichten vermindert.

Anmachen des Gipsmörtels:
– Anmachwasser in ein Gefäß
  füllen
– Putzgips einstreuen
– Umrühren und kurz ziehen
  lassen

Anmachen von Gipsmörtel

Gipsmörtel wird in kleinen Mengen angemacht, da die Verarbeitungszeit nur etwa 15 Minuten beträgt. Das Gefäß zum Anmachen muß sauber und frei von Gipsresten sein. Verunreinigungen beschleunigen das Abbinden. Zunächst wird Wasser in eine Schüssel gegeben. Dann läßt man den Gips lose in das Wasser rieseln, es soll nicht zu viel auf einmal in das Wasser gegeben werden, da sich sonst Klumpen bilden. Wenn das Wasser keinen Gips mehr aufnehmen kann, wird mit der Kelle umgerührt, bis eine gleichmäßige dünnflüssige und knotenfreie Masse entsteht. Vor der Verarbeitung muß der Putzgips etwa 3 Minuten ziehen, in dieser Zeit verändert sich sein Zustand von dünnflüssig zu teigförmig. Anschließend wird der Gips zügig verarbeitet.

Was ist ...

- Kalk
  Baukalk ist ein Bindemittel für Mauer- und Putzmörtel. Weißkalk wird aus Kalkstein gewonnen, Dolomitkalk aus Dolomitstein, zur Herstellung hydraulischer Kalke wird Mergel verwendet. Kalk erhärtet durch das Kohlendioxid der Luft, dabei entsteht Wasser (die bekannte Feuchte in Neubauten). Durch den niedrigen Kohlendioxidgehalt der Luft kann die Aushärtung des Kalks Jahre dauern. Hydraulischer Kalk erhärtet hydraulisch. Das heißt, er erhärtet nach einigen Tagen Luftlagerung auch unter Wasser.
- Gips
  Gips ist ein Bindemittel für Putzarbeiten. Er bindet sehr schnell ab. Da er beim Erhärten nicht schwindet, kann er ohne Sand verarbeitet werden. Gips fördert das Rosten von Eisenmetallen, deshalb müssen Nägel, Drahtgewebe und andere Eisenteile gegen Rost geschützt sein, zum Beispiel durch Verzinken. Gips kann gut Luftfeuchtigkeit aufnehmen und schnell wieder abgeben. Bei andauernder Durchfeuchtung wird Gips zerstört, deshalb nicht im Freien verwenden. Zum Anmachen immer Gips in das Anmachwasser geben. Nie Wasser auf Gips, da er sonst klumpig wird.

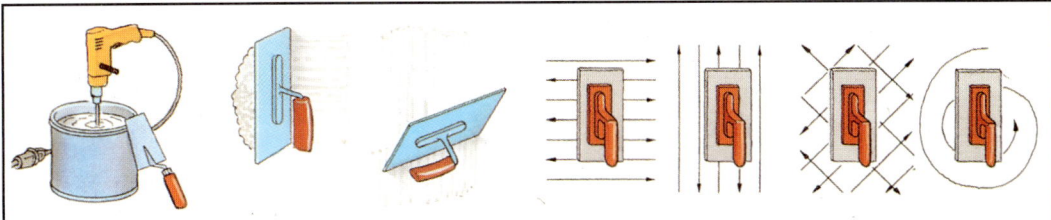

Verarbeiten des Kunststoffputzes:
– Gleichmäßig aufrühren
– Mit einem Glätter auf- und anschließend abziehen
– Je nach Reibetechnik ergeben sich unterschiedliche Strukturen

Kunststoffputz

Kunststoffputz ist kein Mörtel, sondern eine Mischung, die auf der Basis von Dispersionsfarben entwickelt wurde. Kunststoffputz hat eine dekorative und auch schützende Wirkung, seine Anwendung setzt einen glatten geputzten Untergrund voraus. Die Verarbeitung ist auch für Ungeübte recht einfach, da der Kunststoffputz in einer dünnen Schicht von etwa 2 bis 6 mm aufgetragen wird, die Schichtdicke wird durch das im Putz enthaltene Korn bestimmt. Die Oberfläche ist je nach verwendeter Sorte strukturiert, die Struktur entsteht dadurch, daß die Oberfläche beim Abreiben durch das Korn geprägt wird. Die Oberfläche kann von fein bis zu einer Korngröße von 5 mm gewählt werden. Darüber hinaus gibt es weitere Putzarten, die auch mit der Rolle aufgetragen und beliebig strukturiert werden können.

Benötigtes Werkzeug

Es wird eine Kelle, ein Glättbrett und zum Strukturieren der Oberfläche ein Kunststoff-Reibebrett verwendet. Das Werkzeug soll aus Edelstahl „rostfrei" sein.

Verarbeitung

Der Kunststoffputz wird verarbeitungsfertig im Eimer geliefert. Er wird mit einer Bohrmaschine mit Rühreinsatz aufgerührt, damit sich die Bestandteile gleichmäßig vermischen. Der Kunststoffputz wird mit einem Edelstahlglätter aufgezogen und mit dem steil gestellten Glätter auf Korndicke abgezogen. Anschließend wird mit dem Kunststoff-Reibebrett durchgerieben. Durch die Korndicke wird die Putzdicke vorgegeben. Je nachdem, ob waagerecht, senkrecht oder kreisförmig gerieben wird, ergeben sich unterschiedliche Oberflächenstrukturen. Es sollte allerdings nicht zu

lange gerieben werden, da durch die Körnung ständig Putz abgerissen wird und sich dadurch das Aussehen der Oberfläche verschlechtert.

Putzausbesserung

Im Laufe der Zeit bilden sich im Außenputz durch Risse, Setzungen und andere Einflüsse kleine Fehlstellen und Löcher. Dadurch löst sich der Putz erst in kleinen Teilen vom Mauerwerk, es dringt weitere Feuchtigkeit ein, und der Putz wird immer weiter zerstört. Die Feuchtigkeit kann auch weiter in die Wand eindringen, Schimmelpilz verursachen und die Dämmfähigkeit der in der Wand liegenden Wärmedämmung verringern. Kleine Putzschäden sollten also so früh wie möglich repariert werden. Um die Reparatur vorzubereiten, wird zunächst der lose Putz abgeschlagen. Dabei wird besser zuviel als

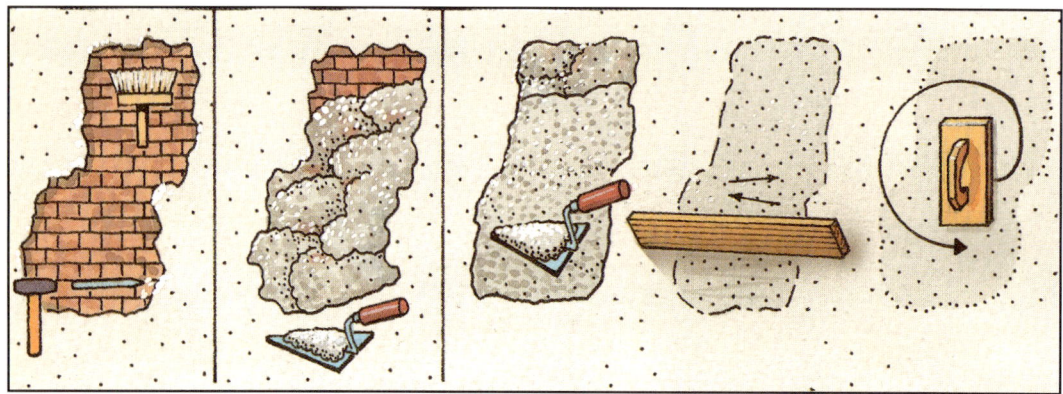

Löcher im Putz werden mit Putzmörtel ausgebessert. Alle losen Putzstücke müssen dazu gründlich entfernt werden

zuwenig entfernt, da selbst kleinste Risse im Putz durch das Eindringen von Wasser und Frosteinwirkung die Ursache für weitere Putzzerstörung sein können. Das Mauerwerk wird gründlich gesäubert, abgebürstet und vorgenäßt. Die Flickstelle wird mit Spritzbewurf angeworfen. Der Spritzbewurf kann mit einem chemischen Haftverbesserer angemacht werden, damit eine gute Haftung am Mauerwerk erreichet wird. Nach dem Antrocknen des Spritzbewurfs wird die Flickstelle geputzt. Besonders sorgfältig muß der Übergang zwischen frischem und altem Putz angerieben werden, damit dort keine deutlich sichtbare Kante entsteht. Mit einem nassen Pinsel oder einem Quast kann der Übergang nach dem Abreiben mit der Glättkelle zusätzlich angeglichen und geglättet werden.

Sanierputz

Besonders bei älteren Häusern blättert im Keller oder an Wänden, in denen aufsteigende Feuchtigkeit auftritt, der Putz ab. Dabei kann man deutlich beobachten, wie der Putz an feuchten Stellen im Laufe von Wochen und Monaten erst sein Volumen vergrößert, ja sogar richtiggehend aufquillt. Er löst sich dann immer mehr vom Mauerwerk und fällt in Krümeln und Stücken zu Boden.

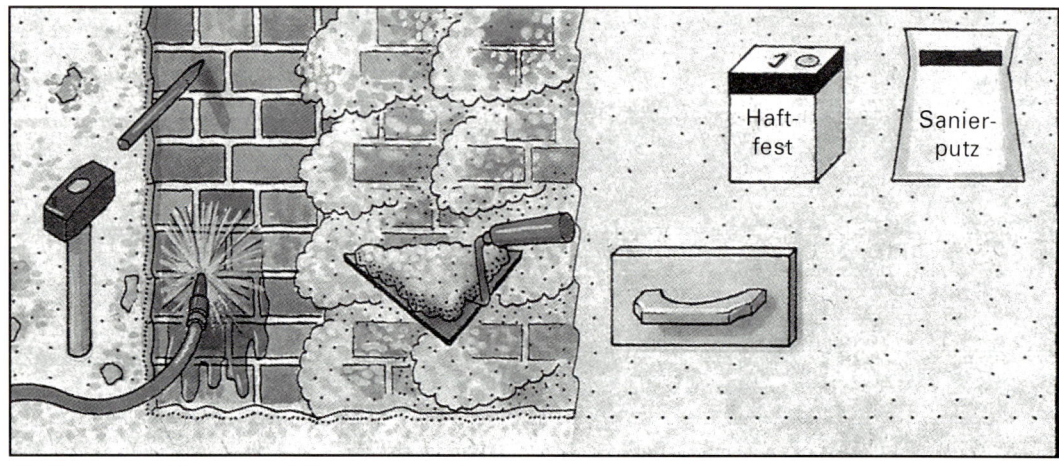

Mit Sanierputz können Ausblühungen und Durchfeuchtungen des Putzes repariert werden

Ursache ist nicht nur die das Mauerwerk durchdringende Feuchtigkeit, sie allein könnte den Putz nicht wirklich schädigen. Mit dem Wasser werden gelöste Salze aus dem umgebenden Erdreich transportiert. Sie gelangen an die Oberfläche des Putzes, dort verdunstet das Wasser, und die Salze lagern sich als Ausblühungen ab. Dabei kristallisieren die Salze aus und vergrößern ihr Volumen, so führt die Kristallisation zur Zerstörung des Putzmörtels. Um eine solche Wand zu sanieren, muß der gesamte, durch Feuchtigkeit gefährdete, alte Putz abgeschlagen werden. Alle losen Teile und Krümel werden gründlich entfernt, die Wand wird abgebürstet und vorgenäßt. Anschließend wird sie mit Spritzbewurf vorbehandelt. Der Spritzbewurfs besteht aus Sanierputz, das ist ein wasserdichter faserarmierter Spezialmörtel mit hoher Wasserdampfdurchlässigkeit, der als Fertigputz im Baustoffhandel erhältlich ist. Für den Spritzbewurf wird dem Sanierputz Haftverbesserer beigemischt. Nach dem Antrocknen des Spritzbewurfs wird die Wand mit Sanierputz geputzt. Dabei wird wie bei normalem Putzmörtel angeworfen, abgezogen und abgerieben, so daß eine glatt geputzte Wand entsteht. Der Sanierputz wird in einer Stärke von mindestens 1,5 cm aufgebracht.

Arbeitsbeispiel

Eine Ecke putzen

Beim Putzen einer Ecke muß sichergestellt werden, daß die Kante gerade und scharf ist. Um das zu erreichen, benötigt man ein Anschlagbrett als Putzlehre, an dessen Kante entlang geputzt werden kann. Als Putzlehre verwendet man ein gerades gehobeltes Brett, das mit Putzhaken oder Stahlnägeln an der Ecke befestigt wird. Das Brett muß etwa 1,5 bis 2 cm überstehen, damit wird die Putzdicke festgelegt. Entlang dem Brett wird der Putz angeworfen oder aufgezogen. Mit dem Reibebrett wird der Putz gründlich angerieben, die Brettkante dient als Führung. Die Oberfläche wird zum Schluß mit dem Stahlglätter geglättet. Wenn der Putz einige Zeit angezogen hat, kann die Putzlehre vorsichtig entfernt werden. Damit die andere Fläche der Ecke geputzt werden kann, muß die Putzlehre auf dem bereits fertiggestellten Putz befestigt werden, wieder mit einem Überstand entsprechend der Putzdicke. Dabei muß man vorsichtig vorgehen, denn der noch nicht ausgehärtete Putz bricht an den Einschlagstellen der Nägel oder Putzhaken leicht aus. Nun kann die zweite Fläche geputzt werden. Wenn der Putz angezogen hat, wird die Putzlehre entfernt. Kleine Ausbruchstellen an der Ecke und die Einschlagstellen der Putzhaken werden mit frischem Mörtel ausgebessert, und die Mauerecke ist fertig .

Der Mörtel wird entlang der Putzlehre aufgezogen

Mit dem Glättbrett wird sorgfältig abgerieben

Die zweite Seite der Ecke wird ebenfalls geputzt und zum Abschluß geglättet

Fliesen

Fliesen machen Böden und Wände strapazierfähig und
schön, pflegeleicht und elegant. Fliesen ist leichter, als es
aussieht, wenn man die wichtigsten Regeln des Verlegens
einhält und mit etwas Sorgfalt an die Arbeit geht.

Materialien und Formate

Platten sind alle mineralischen Baustoffe, die als Belag für Böden und Wände verwendet werden. Das sind:

- gebrannte Fliesen und Platten aus den Rohstoffen Ton, Quarz, Feldspat und anderen mineralischen Stoffen. Die gebrannten Platten werden je nach Reinheit der verwendeten Tone als Feinkeramik oder Grobkeramik hergestellt. Die feinkeramischen Platten werden als Fliesen bezeichnet
- Natursteinplatten, aus Kalkstein, Marmor oder Sandstein
- bindemittelgebundene Platten aus mineralischen Bestandteilen und Zement

Fliesen

Feinkeramische Fliesen werden aus Ton, Quarz und Feldspat hergestellt und bei unterschiedlich hohen Temperaturen gebrannt. Aufgrund der unterschiedlichen Zusammensetzung und Brenntemperatur unterscheidet man Steingut-, Irdengut- und Steinzeugfliesen. Wandfliesen sind in der Regel Steingutfliesen. Sie sind in ihrer Struktur hell und feinkörnig und haben eine gefärbte oder durchsichtige Glasur. Da sie Wasser aufnehmen, sind sie nicht frostbeständig. Neben dem Standardmaß 15 x 15 cm werden die Fliesen in anderen Maßen, bei-

spielsweise 15 x 20 cm oder 20 x 20 cm, hergestellt. Irdengutfliesen unterscheiden sich von Steingutfliesen durch den dunkleren Scherben, sonst sind sie vergleichbar. Sie werden vor allem im Ausland hergestellt. Steinzeugfliesen sind feinkörnig und durch das Brennen dichtgesintert. Sie haben eine geringe Wasseraufnahme, sie sind frostbeständig und haben eine harte Oberfläche. Dadurch eignen sie sich auch für stärker belastete Böden. Sie können glasiert oder unglasiert sein. Spaltplatten werden aus Ton hergestellt. Die Rohlinge werden längs geschnitten, so daß jeweils zwei Platten entstehen. Die Platten bleiben beim Brennen aneinander haften und werden erst danach gespalten, daher kommt der Name. Da sie bei hohen Temperaturen bis zur Sinterung gebrannt sind, sind sie frost- und säurebeständig, hart und bruchfest. Sie eignen sich vor allem für stark belastete Böden und für Arbeiten im Außenbereich. Neben den grobkeramischen Spaltplatten gibt es noch weitere Fliesensorten wie Bodenklinkerplatten und Ziegelplatten.

Maße der Spaltplatten	
Breite (in mm)	Länge (in mm)
115	240
52	240
73	240
94	194
Spaltplatten sind je nach Hersteller 8 bis 30 mm dick.	

Beim Kauf der Fliesen sollte man darauf achten, daß die Kartons die gleiche aufgedruckte oder gestempelte Brandnummer aufweisen. Damit wird gewährleistet, daß die Farben der Fliesen in den unterschiedlichen Kartons nicht wesentlich voneinander abweichen. Dennoch sollten die Fliesen abwechselnd aus verschiedenen Kartons entnommen werden. Feinste Tonunterschiede von einer Packung zur anderen fallen nicht mehr auf, wenn die Fliesen durcheinander verlegt werden. Fliesen sind in drei Qualitäten, der 1., 2. und 3. Sortierung, im Handel. Bei der 2. und 3. Sortierung handelt es sich durchweg um Farb- und Maßabweichungen oder um Fehlbrände. Wenn man bereit ist, kleine Abstriche hinzunehmen, kann man die Mindersortierungen zu deutlich verringertem Preis verwenden.

Beanspruchungsgruppen

Fliesen werden in 4 Beanspruchungsgruppen ausgezeichnet, die mit römischen Zahlen von I bis IV benannt sind. Bei der Auswahl der Fliesen sollte man eine Beanspruchungsgruppe höher als unbedingt nötig wählen, denn in einem langen Fliesenleben wird die Oberfläche, vor allem von Bodenfliesen, durch die ständige Beanspruchung und die schmirgelnde Wirkung von feinsten Sandteilchen stark belastet.

- Beanspruchungsgruppe I ist die niedrigste, für leichte bis mittlere Beanspruchungen als Wandfliese. Beim Verlegen der Fliesen kann die Oberfläche unter

Umständen schon durch das Abwischen von Fliesenmörtel oder Fugenmörtel beschädigt werden.

- Beanspruchungsgruppe II ist höher belastbar und gut als Wandfliese geeignet. In privaten Badezimmern und Toiletten ist sie unter Umständen auch als Bodenfliese geeignet.
- Beanspruchungsgruppe III ist eine gute Oberflächenqualität und bei mittlerer Belastung für Böden geeignet. Wenn aber Schmutz und Sand mit eingeschleppt werden und den Boden zusätzlich strapazieren, sollte die nächsthöhere Beanspruchungsgruppe gewählt werden.
- Beanspruchungsgruppe IV hat die härteste Oberfläche und ist auch für Eingänge und Räume mit hoher Belastung geeignet.

Farben, Formen und Raumwirkung

Die Farbe, die Größe, die Form und die Anordnung der Fliesen hat eine große Wirkung auf den Raum. Bei der Vielfalt der angebotenen Farben, Formen und Muster und bei der ständigen Änderung des Zeitgeschmacks wäre es vermessen, Anleitungen für die Auswahl zu geben. Unabhängig vom persönlichen Geschmack gibt es jedoch einige Regeln, deren Beachtung wichtig für den späteren Eindruck ist. Beim Fliesen eines Bades ist es sinnvoll, die Fliesen und die Sanitärobjekte farblich aufeinander abzustimmen.

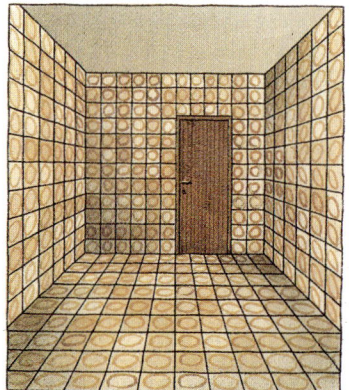
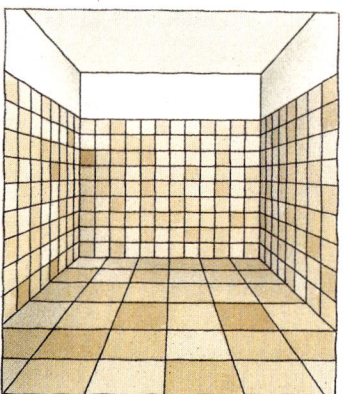
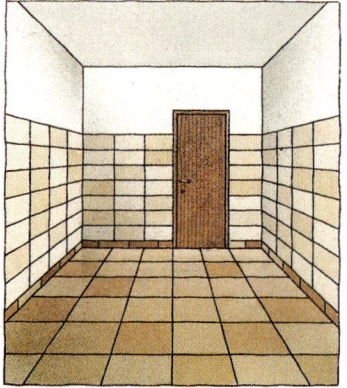

Kräftige Farben lassen Räume kleiner erscheinen, durch helle wirken sie größer

Räume wirken größer, wenn höchstens 2 m hoch gefliest wird

Die Farbe

Größere Flächen sollten in hellen und weniger kräftigen Farben gefliest werden. Fliesen in kräftigen Farben eignen sich für kleine Flächen und zur Dekoration, beispielsweise als umlaufende Kante und zum Setzen von Akzenten. Kräftige und dunkle Farben lassen Räume kleiner erscheinen, besonders wenn raumhoch gefliest wird. Helle Farben und Weiß lassen den Raum größer und heller erscheinen.

Fliesenspiegel, Fliesenform und Raumwirkung

Durch das Fugenraster der Fliesen werden insbesondere kleine Räume wie Bäder und WCs optisch verkleinert. Dieser Eindruck wird gemildert, wenn nur bis zu einer Höhe von etwa 1,5 bis 2 m gefliest wird. Das Höhenmaß von 2 m bietet sich besonders an, weil die Normhöhe von Türen 2,02 m beträgt. Dadurch ergibt sich eine gerade ruhige Linie zwischen der Oberkante des Fliesenspiegels und der Türzarge. Wenn für Wand und Boden die gleichen Fliesen genommen werden, scheinen die Flächen ineinanderzufließen. Die Fliesen sollten in der Farbe und eventuell auch in der Form unterschiedlich sein, wenn Boden und Wand in gleicher Blickrichtung liegen. Dadurch ergibt sich eine stärkere Gliederung des Raumes. Die Größe der Fliesen hat auch eine Bedeutung für die Raumwirkung. Lange Jahre galt die Regel, daß kleine Fliesen für kleine Räume und große Fliesen für große Räume geeignet seien. Letztlich ist aber auch die Auswahl des Formats reine Geschmacksache. Große Platten wirken großzügiger und

geben dem Raum mehr Weite, auch in kleinen Räumen. Selbst die Fugenbreite hat Auswirkung auf die Raumwirkung. Vor allem auf dem Fußboden sollten die Fugen breit sein, aber auch an der Wand kann eine deutlich betonte Fuge gut aussehen. Grundsätzlich sollten die Fugen der Bodenfliesen breiter als die der Wandfliesen sein. Als Faustregel gilt: Je größer und je rustikaler die Fliese, desto breiter soll die Fuge sein.

Fliesenraster

Die Maße der Fliesen stehen im Bad und auch in der Küche in engem Zusammenhang mit der Sanitärinstallation. Wer besonderen Wert auf perfekte Ausführung legt, muß die Anschlüsse der Installation und die Höhen der Waschbecken und anderen sanitären Einrichtungen auf die Fliesen abstimmen. Alle Anschlüsse werden dann im Fliesenrastermaß verlegt. Das bedeutet, daß Waschbecken, WCs und so weiter mit ihrer Mittelachse auf eine Fliesenfuge oder auf die Plattenmitte ausgerichtet werden. Die Rohranschlüsse sollen im Fugenkreuz, in der Plattenmitte oder auf der Hälfte einer Fugenlänge liegen. Bei vom Fliesenraster abweichenden Anschlußmaßen werden die Anschlüsse symmetrisch zur Fuge oder zur Plattenmitte angeordnet. Häufig werden Fliesen von der Größe 150 x 150 mm mit einer Fugenbreite von 3 mm verwendet. Darauf ist auch das Stichmaß 153 mm (= Mittenabstand der Anschlußgewinde) der Mischbatterien für Badewanne und Dusche abgestimmt. Zunehmend werden auch Fliesen von 200 x 200 mm verwendet, darüber hinaus eine Vielzahl von anderen Maßen. Sockelfliesen in verschiedenen Höhen, beispielsweise 50, 60, 75 oder 100 mm, kommen möglicherweise hinzu. Vor Beginn der Installationsarbeiten sollte genau festgelegt werden, welche Fliesengröße und Fugenbreite verwendet wird. Dann ist eine Bezugsachse, meist

Unterschiedliche Fliesen für Wand und Boden gliedern den Raum stärker

Bodenfliesen sollte man mit breiteren Fugen versehen als Wandfliesen

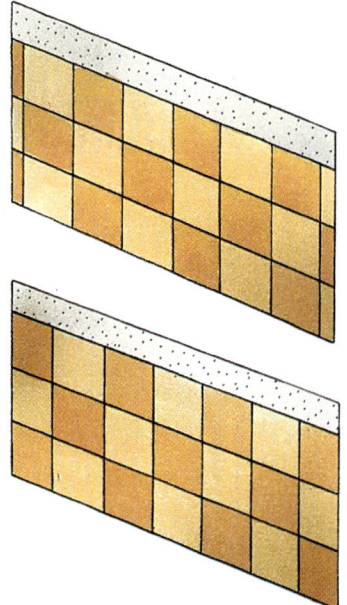

Die Randfliesen in den Ecken sollen in der Regel breiter als eine halbe Fliese sein

die Wandmitte, festzulegen. Die erste Fliesenreihe wird von der Mitte aus nach rechts und links verlegt. Aus optischen Gründen soll die letzte geschnittene Fliese im Randstreifen oder in der Raumecke breiter als eine halbe Fliese sein. Danach wird ausgerechnet, ob die Bezugsachse der Wandmitte in der Fuge oder in der Mitte einer Fliese liegt. Die genauen Abstände der Einrichtungsgegenstände ergeben sich dann aus der Fliesengröße. Bei Fliesen der Größe 150 x 150 mm und bei einer Fuge von 3 mm beträgt das Fliesenrastermaß 153, 306, 459, 612 mm und so weiter. Die Achsabstände der Einrichtungsgegenstände und damit auch die Anschlüsse der Installationen können nach diesen Maßen geplant

werden. So wird die Wandfläche eingeteilt:
- Die Verteilung der Fliesen wird vor Beginn der Verlegearbeiten ausgerechnet und auf der Wand angezeichnet.
- Sichtbare Streifen mit geschnittenen Fliesen (Teilstreifen) sollen möglichst nicht schmaler als eine halbe Fliese sein.
- Teilstreifen sollen so angeordnet sein, daß sie nicht in der Hauptblickrichtung liegen, also nicht sofort sichtbar sind.
- Fenster, Nischen, eingemauerte Badewannen werden symmetrisch in die Fliesenverteilung mit einbezogen.

Einteilen der Fliesen bei Bodenbelägen

Wie bei den Wänden kann der fliesenlegende Heimwerker auch bei Böden die Abmessungen der Räume nicht mehr beeinflussen. Die Bodenplatten müssen deshalb so aufgeteilt werden, daß ein möglichst gleichmäßiges Bild entsteht. Die Länge und die Breite der Bodenfläche ist in der Regel nicht genau durch die Fliesenbreite teilbar. Es entstehen deshalb fast immer geschnittene Randstreifen. Die Fliesen sollten so verteilt werden, daß sie nur an jeweils einer Seite des Raumes geschnitten werden müssen. Teilstreifen mit geschnittenen Fliesen sind nach Möglichkeit so anzuordnen, daß sie von der Eingangstür aus nicht sofort zu sehen sind. Vor dem Auslegen der Fliesen wird im

Raum eine Mittellinie festgelegt, die parallel zu einer Wand liegt. Da Wände häufig nicht genau parallel zueinander stehen, wählt man eine Wand aus, von der aus man alle Messungen vornimmt. Im rechten Winkel zu dieser Mittellinie wird in der Raummitte eine zweite Linie gezogen. Dieses Linienkreuz dient dazu, die Fliesen rechtwinklig und gleichmäßig zu verlegen. Die Verlegearbeiten beginnen nicht an der Eingangstür, sondern an der entgegengesetzten Wand. Es wird zur Tür hingearbeitet. Das Verteilen der Fliesen muß so berechnet werden, daß an der Tür ein sauberer Übergang zum nächsten Raum und möglicherweise zu anderen Bodenbelägen entsteht. Am Eingang sollen deshalb möglichst ganze Fliesen oder zumindest große Teilstreifen liegen.

Messen und Anzeichnen

Nicht nur für Heimwerker ist das Messen ein leidiges Kapitel. Viele Fehler auf Baustellen entstehen nur dadurch, daß nicht genau gemessen wurde. Das wichtigste Meßwerkzeug ist der Gliedermaßstab, meist Zollstock genannt. Er ist in Millimeter und Zentimeter eingeteilt, wobei die Einhaltung der Genauigkeit im Millimeterbereich für Fliesenarbeiten ausreichend ist. Unter Umständen können sogar Abweichungen von mehreren Millimetern toleriert werden. Die Wasserwaage ist ebenfalls sehr wichtig, damit wird die senkrechte und waagerechte Ausrichtung der Fliesen kontrolliert. Eine kurze Wasserwaage mit einer Länge von etwa 30 bis 60 cm ist sehr handlich und auch an engen Stellen gut geeignet. Zum Anzeichnen von längeren Linien auf der Wand kann man sich mit einem Brett behelfen, auf das die Wasserwaage gelegt wird. Mit einer Schlauchwaage kann man Höhenmaße über fast beliebig lange Entfernungen und um Ecken herum übertragen. Sie besteht aus einem Wasserschlauch und zwei Glas- oder Kunststoffröhrchen, die in die Schlauchenden gesteckt werden. Der Schlauch wird mit Wasser gefüllt. Da das Wasser in den beiden Röhrchen immer gleich hoch steht, lassen sich Höhen von einer Wand zur anderen beliebig übertragen, soweit der Schlauch reicht.

Beim Umgang mit der Schlauchwaage muß man stets darauf achten, daß

- alle Luftblasen aus dem Schlauch entwichen sind,
- der Schlauch nicht geknickt ist und
- die Schlauchenden nur langsam nach oben oder unten bewegt werden, damit nicht plötzlich Wasser ausläuft.

Zur Höhenbestimmung der Fliesen dient auch der Meterriß. Er wird auf der Rohbauwand aufgetragen und liegt genau 1 m über der Oberkante des fertigen Fußbodens. Beim Bestimmen des Meterrisses ist deshalb die Fußbodendicke über der Rohdecke zu berücksichtigen. Türzargen aus Stahl haben eine eingeprägte Markierung in 1 m Höhe, so daß man sich den Meterriß auch von dort über-

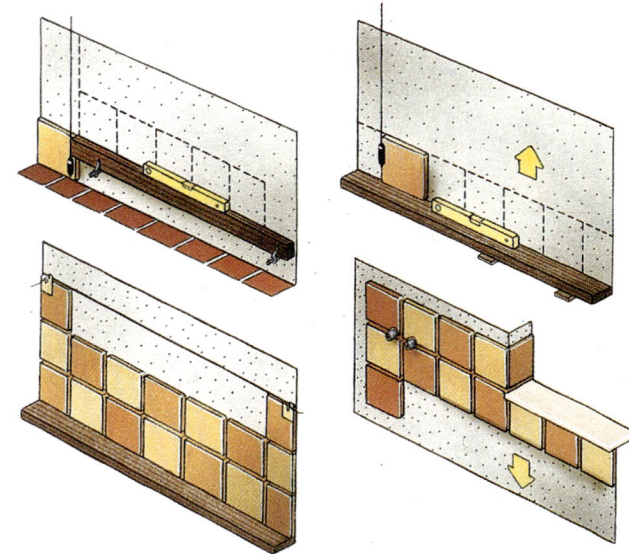

Einteilung und Ansetzen der Fliesen auf der Wand

tragen kann (wenn die Zargen genau eingebaut sind!). Wenn der Meterriß im Bad mit einem Bleistift oder Filzschreiber rundum auf die Wand aufgetragen ist, kann man mit dem Gliedermaßstab vom Meterriß aus alle Höhenmaße festlegen. Um eine längere gerade Linie auf dem Boden oder an der Wand anzureißen, kann man ein langes Brett anlegen und mit einem Stift entlang der Wand anzeichnen. Eleganter und häufig genauer und schneller ist der Schnurschlag. Dazu benötigt man einen Helfer und eine mit Kreide eingefärbte Schnur. Die Schnur wird längs der gewünschten Linie am Boden oder an der Wand angehalten, straff gespannt und mit der freien Hand angezupft. Beim Anprall auf den Boden wird die Kreide übertragen, und es entsteht eine lange gerade Linie.

Einteilung der Fliesen

Da das Raster der Platten selten mit den Maßen der Wand übereinstimmt, müssen sie unten oder an den Seiten geschnitten werden. Dabei ist es sinnvoll, schon vor Beginn der Arbeit zu überlegen, wie die Aufteilung auf der zu fliesenden Fläche sein soll. Grundlage der Überlegungen sollte sein, daß so wenig wie möglich geschnitten wird. Meist werden Fliesen auf der Wand von unten nach oben verlegt. Böden sind häufig nicht ganz eben oder waagerecht, deshalb wird an der tiefsten Stelle begonnen. Eine Fliese wird als Höhenmarkierung an der Wand angesetzt und mit Putzhaken eine Richtlatte als Grundlage für die zweite Reihe befestigt. Davon ausgehend kann nun die ganze Wand gefliest werden. Zum Schluß wird die Richtlatte entfernt und die unterste Reihe verlegt.

Wenn der Boden auch gefliest werden soll, wird so viel Platz gelassen, daß die Bodenfliesen später unter die tiefste Fliesenreihe geschoben werden können. Das Ausrichten der ersten Reihe kann man sich mit einer Latte erleichtern, die mit Keilen oder Holzstücken genau waagerecht ausgerichtet wird und als Grundlage für die erste Reihe dient. In besonderen Fällen kann es auch sinnvoll sein, von oben nach unten zu arbeiten. Ein Grund dafür können beispielsweise Fensterbänke, Nischen oder Rohranschlüsse sein. Wenn zum Verlegen der Fliesen das Dünnbettverfahren angewendet wird, ergeben sich beim Arbeiten von oben nach unten keine großen Schwierigkeiten. Der Kleber darf allerdings nicht zu dünnflüssig angemacht werden, damit ein Rutschen der Fliesen vermieden wird.

Sollten die Fliesen dennoch etwas rutschen, reicht es, sie für kurze Zeit mit einer an die Wand gelehnten Latte zu unterstützen, bis der Kleber angezogen hat.

Werkzeug

Zum Fliesen werden eine Reihe von unterschiedlichen Werkzeugen benutzt, die teilweise auch für andere Arbeiten benötigt werden.

Messen

Als Meßwerkzeug benutzt man einen Gliedermaßstab (Zollstock). Zum Einhalten der waagerechten und senkrechten Linien wird eine Wasserwaage verwendet, unter Umständen auch ein Senklot. Fliesenecken mit Gummischnur werden auf die äuße-

ren Fliesenecken aufgesetzt, entlang der Gummischnur können die Platten dann genau in Reihe gelegt werden. Mit dem Stahllineal kann der Fliesenmörtel auf dem Boden bei der Dickbettverlegung in einer glatten Fläche abgezogen und die gefliese Fläche auf das Fluchten der Fliesen untereinander überprüft werden. Die Richtlatte dient zum Ausrichten der ersten Fliesenreihe, sie wird mit Putzhaken auf der Wand befestigt.

Fliesen bearbeiten

Fliesen können mit einem Glasschneider angeritzt und dann entlang der Rißlinie gebrochen werden. Mit der Fliesenbrechzange kann die Fliese ebenfalls angeritzt und dann gebrochen werden. Genauso praktisch ist der Fliesenschneideapparat, der

Beim Fliesen verwendete Werkzeuge zum Messen und Ausrichten

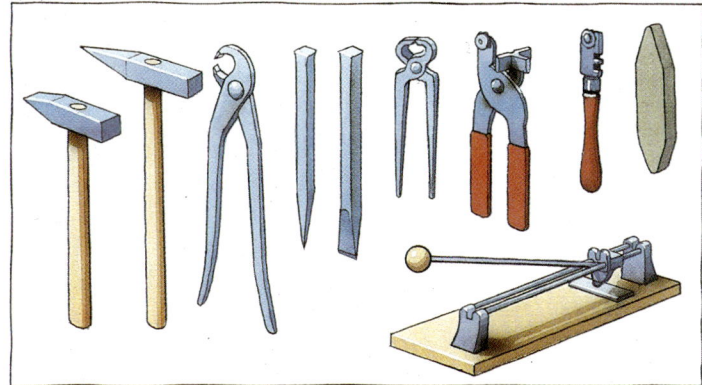

Werkzeuge zur Bearbeitung der Fliesen

Kellen, Spachtel, Zahnglätter und Moosgummiglätter

Werkzeug zum Verfugen

häufig auch eine Meßvorrichtung zum Einhalten der Fliesenmaße hat. Ein Schleifstein aus Karborund wird benutzt, um die scharfen Kanten der gebrochenen Fliesen nachzuarbeiten. Mit unterschiedlichen Meißeln, Fliesenlochzangen und Fliesenhämmern können Aussparungen und Ausschnitte bearbeitet werden.

Werkzeug zum Ansetzen und Kleben

Mörtel und Fliesenkleber werden mit der Kelle durchgemischt. Zum Auftragen des Klebers sind Zahnspachtel mit unterschiedlichen Zahnungen erforderlich. Bei großen Platten mit starkem Profil muß der Kleber dicker aufgetragen werden, dafür wird eine grobe Zahnteilung verwendet. Bei glatten Fliesenrückseiten reicht eine dünne Kleberschicht und dementsprechend eine feine Zahnteilung. Zum Aufziehen des Klebers auf die Wand oder den Boden kann ein Glättbrett aus Edelstahl benutzt werden oder das abgebildete Glättbrett mit Zahnleiste. Das Glättbrett mit Moosgummischicht ist gut geeignet, um kleinformatiges Mosaik gleichmäßig anzudrücken.

Fugen

Mit dem Fuggummi oder dem Moosgummiglätter wird die Fugenmasse aufgetragen und in die Fugen gedrückt. Bei großen Bodenflächen erleichtert der Gummiwischer diese Arbeit.

Fliesen schneiden und bearbeiten

Wand- und Bodenfliesen

Das Schneiden der Fliesen kann man mit dem Schneiden von Glas vergleichen, sie können sogar mit dem Glasschneider geschnitten werden. Sehr gut geeignet ist auch eine Reißnadel mit Hartmetallspitze („Widia"). Die Fliesen werden an der Oberfläche angeritzt und dann gebrochen. Zum Brechen reicht die Kerbwirkung eines kleinen Risses in der Glasur aus. Der Fliesenschneider wird mit mäßigem Druck gleichmäßig ohne Unterbrechung entlang einem Lineal über die Oberfläche der Fliese geführt. Die Schnittlinie soll gleichmäßig von einer Kante bis zur anderen reichen. Es darf nicht zu fest aufgedrückt werden, damit die Glasur nicht splittert. Anschließend wird die Fliese mit der Brechzange entlang der Schnittlinie durchgebrochen. Wenn keine Fliesenbrechzange oder kein Fliesenschneideapparat zur Verfügung steht, kann man die Fliese auch mit beiden Händen fassen, entlang der Schnittlinie auf eine Holzkante legen und mit einem kurzen kräftigen Druck durchbrechen. Schmale Streifen am Rand einer Fliese bis zu einer Breite von etwa 20 mm kann man auf diese Art nicht schneiden, da man keinen Ansatzpunkt für die Fliesenbrechzange hat. Nach dem Anreißen mit dem Fliesenschneider werden solche

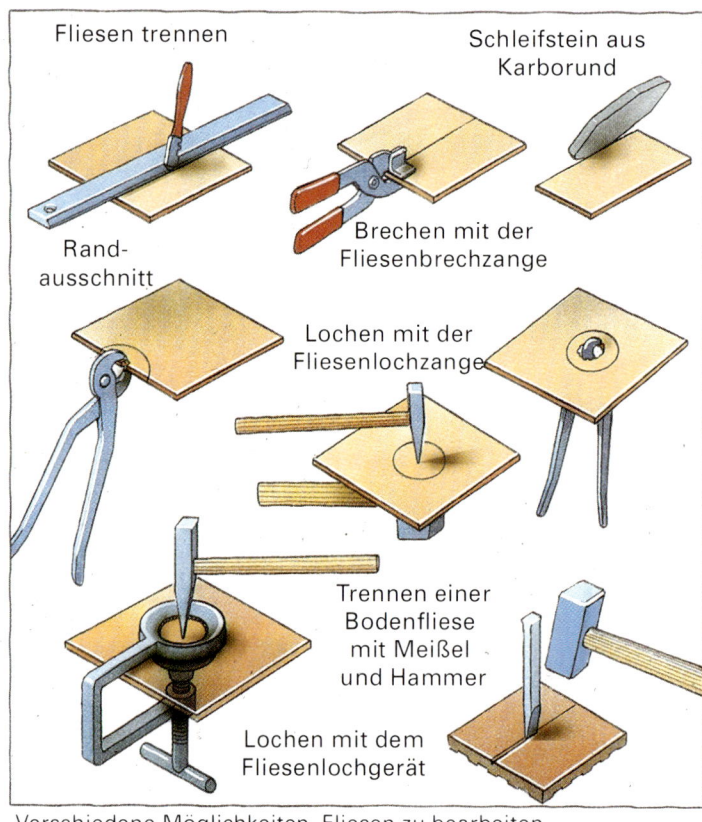

Verschiedene Möglichkeiten, Fliesen zu bearbeiten

Streifen mit der Kneifzange abgebrochen. Die gebrochenen Fliesenkanten sind sehr scharf. Wenn man sie unvorsichtig anfaßt, kann man sich sogar daran schneiden. Die Kante wird deshalb gebrochen, indem man zwei- bis dreimal kräftig mit einem Schleifstein über die Kante zieht.

Grobkeramik

Spaltplatten oder andere hartgebrannte Platten sind mit dem Fliesenschneider und der Brechzange nur schwer zu schneiden, besonders wenn sie deutlich dicker sind als die üblichen Wandfliesen.

Zum Schneiden dieser Platten wird der Trennschleifer benutzt. Als Unterlage beim Trennen dient ein Brett, die Schnittlinie wird mit einem Bleistift oder Filzschreiber vorgezeichnet. Die Platte muß nicht vollständig mit der Trennscheibe durchgetrennt werden, es reicht in der Regel, einen 1 bis 2 mm tiefen Schnitt entlang der Trennlinie zu schneiden. Die Platte kann dann von Hand über einer Kante gebrochen werden. Achtung! Sprühende Funken des Trennschleifers hinterlassen auf Fliesen häßliche Punkte und Flecken, da sie einbrennen. Deshalb sollte man vor allem beim Trennen von Metall ausreichenden Abstand von fertig gefliesten Flächen halten.

Ausschnitte an den Kanten der Fliesen, beispielsweise für Steckdosen oder Schalter, werden mit der Fliesenlochzange vorsichtig Stück um Stück herausgebrochen. Versucht man, zu große Stücke auszubrechen, knackt die ganz Platte durch, und man muß mit einer neuen anfangen. Löcher in der Mitte der Fliese erfordern ebenfalls etwas Übung. Die Fliese wird auf eine harte Unterlage, zum Beispiel auf den Kopf eines Fäustels, gelegt. Mit dem spitzen Fliesenhammer wird mit leichten Schlägen ein Loch geschlagen oder ein Loch mit dem Steinbohrer gebohrt (ohne Schlag!). Sobald das Loch groß genug ist, daß man mit der Fliesenlochzange hineinkommt, wird es bis zur gewünschten Größe in kleinen Stücken weiter ausgebrochen. Das Loch darf im Verhältnis zur Plattengröße nicht zu groß werden, da sonst die Platte bricht. Mit einem Fliesenlochapparat ist diese Arbeit etwas leichter, da der auf die Fliese gedrückte Metallring die Bruchgefahr für die Fliese verringert.

Fliesen ansetzen und verlegen

Fliesen können auf allen mineralischen Baustoffen verlegt werden, die rauh, saugfähig und sauber sind. Putz- und Gipsreste, Verunreinigungen und lose Teile müssen entfernt werden. Stark saugender Grund, wie beispielsweise eine Gasbetonsteinwand, muß vorgenäßt werden, damit dem Fliesenmörtel oder Fliesenkleber nicht zu schnell das Wasser entzogen wird. Holz- und Stahlbauteile im Mauerwerk werden mit einem Mörtelträger, Streckmetall oder Ziegeldraht, überspannt. Damit wird, wie beim Putzen der Wand, verhindert, daß sich unterschiedliche Bewegungen der Baustoffe auf das Fliesenbett übertragen und zu Rissen führen. Vor dem Verlegen der Fliesen muß entschieden werden, ob sie im Dickbett- oder im Dünnbettverfahren verarbeitet werden. Dafür gibt es verschiedene Überlegungen. Das Dickbettverfahren ist die herkömmliche Methode des Fliesenlegens. Dabei werden die Fliesen in einem etwa 15 mm dicken Mörtelbett aus Zementmörtel angesetzt. Das Dickbettverfahren setzt einige Erfahrung voraus und ist deshalb für Heimwerker weniger gut geeignet. Bei etwas Geschicklichkeit und Übung kann es aber auch durchaus erlernt werden. Ein Vorteil des Dickbettverfahrens ist die Möglichkeit, beim Verlegen der Fliesen Unebenheiten und Ungenauigkeiten der Wand

auszugleichen. Die Mörtelschicht kann eine Dicke von 10 bis 20 mm haben. Die Oberfläche der Fliesen muß jedoch selbstverständlich lot- und fluchtgerecht sein. Wenn beim Verlegen von Bodenfliesen ein Gefälle in Richtung eines Bodenablaufs hergestellt werden soll, kommt man um die Anwendung des Dickbettverfahrens kaum noch herum, denn nur so kann die Oberfläche genau passend gestaltet werden. Dabei kann man sich das Verlegen dadurch vereinfachen, daß man die Bodenfläche in Teilflächen von der Größe von etwa 1 m² so vorbereitet und glattzieht, daß die Fliesen auf das fertige Mörtelbett gelegt werden können. Sie werden dann mit dem Griff der Kelle leicht angeklopft und haben die gewünschte Lage. Mit einer Wasserwaage kann dann noch das gewünschte Gefälle kontrolliert werden, dabei werden auch kleine Abweichungen der Ebenheit der Oberfläche ausgeglichen. Der Untergrund sollte beim Dickbettverfahren mit einem Spritzbewurf aus Zementmörtel versehen werden. Dadurch wird die Saugfähigkeit der Wand ausgeglichener und die Haftfläche für den Mörtel vergrößert. Der Ansetzmörtel für das Dickbettverfahren ist Zementmörtel im Mischungsverhältnis von 1:4 bis 1:6 Raumteilen Zement zu Sand. Bei der Verwendung von Solnhofener Platten darf auch Kalk zugegeben werden. Der Sand soll gemischtkörnig mit einer Körnung von bis zu 4 mm sein. Er darf keine Verunreinigun-

Ansetzen der Fliesen im Dickbettverfahren

Mischungsverhältnis für Fliesenmörtel	
Verwendung für:	Mischungsverhältnis Zement:Sand
Steingut-Wandfliesen	1:5
Steinzeugfliesen	1:4 bis 1:6
Spaltwandplatten	1:4 bis 1:4,5

gen enthalten. Zur Herstellung von Fliesenmörtel darf kein überlagerter Zement verwendet werden, denn er nimmt Luftfeuchtigkeit auf und beginnt abzubinden. Dabei bilden sich Klumpen. Solange sich die Klumpen leicht zwischen den Fingern zerdrücken lassen, kann der Zement noch verwendet werden.

Dickbettverfahren

Die erste Fliesenreihe sollte auf einer waagerechten Richtlatte verlegt werden. Dadurch wird gewährleistet, daß diese Reihe genau ausgerichtet ist und als Grundlage für die weiteren Reihen dienen kann. Die Richtlatte wird mit Putzhaken an der

Wand befestigt. Hat die Wand eine Sperrschicht gegen Feuchtigkeit, beispielsweise Folie oder Anstrich, dürfen keine Putzhaken eingeschlagen werden. Für die Richtlatte wird dann eine Unterfütterung aus Steinen und Mörtel hergestellt. Mit Hilfe eines Senklotes wird nun auch eine senkrechte Bezugsachse hergestellt. Dabei müssen, genau wie bei der waagerechten, die Anschlußmaße der Installationen beachtet werden. Rechts und links an der Wand werden nun die ersten Fliesen angesetzt und ihre Ausrichtung mit der Wasserwaage kontrolliert. Auf den Oberkanten dieser beiden Fliesen werden die Fliesenecken aufgesetzt und die Gummischnur zwischen den beiden Fliesen gespannt. Dadurch ergibt sich die Fluchtlinie für die Fliesenreihe. Auf der Rückseite der Fliese wird vor dem Ansetzen mit der Kelle ein vollflächiges Mörtelbett aufgezogen. Hohlräume im Mörtel zwischen Fliese und Wand müssen vermieden werden.

- Hohlräume im Mörtel beim Dickbettverfahren vermeiden, denn:
- sie vermindern die Haftfestigkeit
- sie bieten Ungeziefer Platz; in Hohlräumen kann sich Feuchtigkeit sammeln
- beim Bohren von Dübellöchern können die Fliesen brechen

Nach dem Aufziehen des Mörtels wird die Fliese von unten nach oben an die Wand gedrückt und mit dem Griff der Kelle leicht angeklopft. Mit dem Anklopfen beginnt man unten in der Mitte der Fliese, der überschüssige Mörtel wird dabei nach oben herausgedrückt. Da der Mörtel schnell anzieht, darf nicht nachgeklopft werden, dadurch würde sich die Fliese wieder vom Mörtelbett lösen. Nach dem Anziehen der ersten Fliesenreihe kann die nächste Reihe angesetzt werden. Man beginnt wiederum mit den seitlichen Fliesen, spannt die Gummischnur und setzt die Reihe. Der Fugenabstand zur ersten Reihe wird durch passende Holzspäne eingehalten, die man sich vorher entsprechend der gewünschten Fugenbreite zuschneidet. Vor dem Abbinden des Zements müssen alle Fugen sauber ausgekratzt und auf den Fliesen haftender Mörtel sauber abgewaschen werden. Zum Auskratzen der Fugen sollte ein Holzspan verwendet werden, harte Gegenstände können die Glasur an den Kanten der Fliesen beschädigen.

Dünnbettverfahren

Das Kleben der Fliesen im Dünnbettverfahren hat sich weitgehend durchgesetzt, vor allem beim Fliesen von geraden und glatten Wänden. In der Qualität und Haltbarkeit ist das Dünnbettverfahren dem Dickbettverfahren gleichzusetzen. Das liegt vor allem darin begründet, daß die Klebstoffe für das Dünnbettverfahren genormt sind und deshalb Mindestansprüche in bezug auf die Qualität eingehalten werden. Wichtig für die Eignung des

Verlegen der Fliesen im Dünnbettverfahren

Klebers sind beispielsweise die offene Zeit, also die Zeit, die nach dem Anmachen des Klebers zur Verarbeitung zur Verfügung steht, die Verformbarkeit und die Haftfestigkeit.

Untergrund vorbereiten

Der Untergrund für das Kleben der Fliesen muß sauber, eben und tragfähig sein. Tragfähig bedeutet dabei, daß der Untergrund so fest sein soll, daß die verklebte Fliese bei üblicher Beanspruchung nicht ausgebrochen werden kann. Da geputzte Flächen an der Oberfläche häufig leicht sanden, werden sie vor dem Fliesen mit einem Besen abgekehrt und ent-

staubt. Dadurch wird die Haftung der Fliesen verbessert. Schlecht haftende Anstriche aller Art, bituminöse Anstriche, mürber Putz und Tapeten sind als Untergrund nicht geeignet und werden vor dem Fliesen entfernt. Kleine Unebenheiten können vor dem Fliesen mit Fliesenkleber ausgespachtelt werden. Man kann mit Klebemörtel Unebenheiten von mehreren Millimetern Dicke ausgleichen, die zulässige Schichtdicke kann den technischen Informationen über den Kleber entnommen werden. Größere Unebenheiten werden mit Mörtel ausgeglichen. Gut geeignet dafür ist Reparaturmörtel als Fertigmörtel, da er besonders gut am Untergrund haftet. Der Untergrund darf nicht mit Kalk oder Gips gespachtelt sein. Ist der Untergrund mit Kalk oder Gips geputzt, soll die Dicke des Putzes mindestens 10 mm betragen, damit eine ausreichende Festigkeit erreicht wird. Der Gipsputz muß einlagig ausgeführt und darf nicht gefilzt oder geglättet sein. Ein stark saugender Untergrund wird mit Tiefgrund grundiert, damit er dem Kleber beim Ansetzen der Fliesen nicht zu schnell die Feuchtigkeit entzieht. Die Grundierung muß vor dem Verlegen durchgetrocknet sein.

Kleber für das Dünnbettverfahren

Die Auswahl des Klebers richtet sich nach den örtlichen Gegebenheiten und den Ansprüchen an den Fliesenbelag. Die im Baustoffhandel erhältlichen Kleber können aufgrund ihrer Eigenschaften in 4 Gruppen unterteilt werden:

- Hydraulisch erhärtende Dünnbettmörtel:
  Sie erhärten hydraulisch, das heißt, daß ein Teil des Anmachwassers chemisch gebunden wird. Je nach Fabrikat haben sie einen unterschiedlich hohen Kunststoffanteil, der die Verarbeitung erleichtert und die Elastizität verbessert. Der Kleber kann bis zu 10 mm Schichtdicke aufgetragen werden, bei einigen Fabrikaten sogar bis 15 mm. Der hydraulisch erhärtende Dünnbettmörtel ist für Wand- und Bodenfliesen auf saugfähi-

gem mineralischem Untergrund geeignet. Um eine ausreichende Festigkeit zu erreichen, dürfen die frisch gelegten Fliesen erst nach zwei bis drei Tagen gefugt werden. Wenn die gefliesten Flächen schneller gefugt oder begangen werden sollen, wird meist Schnellbaukleber verwendet. Durch besondere Kunststoffzusätze hat er nach 3 Stunden eine so hohe Festigkeit, daß die Fliesen belastet werden können. Schnellbaukleber wird besonders für Reparaturen, Fliesenverlegung in bewohnten Räumen und Arbeiten bei kühler Witterung eingesetzt. Ist der Untergrund weniger saugfähig oder ist eine besonders hohe Belastung zu erwarten, beispielsweise bei einer Fußbodenheizung, kann die Klebeeigenschaft durch eine Kunststoffvergütung oder Elastikemulsion verbessert werden. Klebemörtel werden als Pulver in Tüten oder Säcken geliefert und werden bei Beginn der Arbeit mit Wasser angemacht. Dazu streut man den Klebemörtel in einer Schüssel oder einem Eimer gleichmäßig in Wasser ein. Mit der Kelle oder dem Rührstab an der Handbohrmaschine wird dann kräftig durchgemischt, bis ein gleichmäßig glatter, klumpenfreier Brei entsteht. Bis zur Verarbeitung läßt man den Kleber noch eine halbe Stunde „reifen", mischt noch einmal kräftig durch, und der Klebemörtel ist gebrauchsfertig.

- Elastikkleber:
  Elastikkleber sind hydraulisch härtende Kleber mit hohem Dispersionszusatz. Die vorher beschriebene Kombination von Dünnbettmörtel mit Kunststoffvergütung gehört eigentlich bereits in diese Gruppe. Elastikkleber sind nach dem Trocknen sehr flexibel und wasserdicht. Dadurch kann man kleben und abdichten in einem Arbeitsgang. Sie werden benutzt, wenn die Unterkonstruktion leichten Bewegungen ausgesetzt sein kann, beispielsweise beim Fliesen auf Spanplatten, Tischlerplatten, Gipskartonplatten, Trockenestrich, Gipsputz und anderen vergleichbaren Untergründen.

- Dispersionskleber:
  Dispersionskleber sind gebrauchsfähige Gemische aus Kunststoffdispersionen. Sie können im Gegensatz zu hydraulischen Klebern kein Wasser binden. Sie erhärten durch Abgabe des Dispersionswassers, das heißt durch allmähliches Trocknen.
  Der Untergrund oder die zu verlegenden Fliesen müssen deshalb saugfähig sein und ein Hindurchdiffundieren des Wassers ermöglichen. Dispersionskleber sind wie hydraulisch erhärtende Dünnbettmörtel für Wand- und Bodenfliesen auf saugfähigem mineralischem Untergrund geeignet. Darüber hinaus können auch Wärme- und Schalldämmplatten, Korkplatten und andere Materialien verklebt werden.

- Epoxidharzkleber: Epoxidharzkleber sind Zweikomponentenkleber, die aus Binder und Härter kurz vor der Verarbeitung angemischt werden. Die Aushärtung erfolgt durch eine chemische Reaktion. Epoxidharzkleber werden in Sonderfällen zum Kleben und Fugen benutzt, wenn aggressive Stoffe wie Säuren und Laugen auf den Belag einwirken.

Fliesen im Dünnbettverfahren ansetzen

Der Kleber wird mit einer Kelle oder einem Glättbrett aus Edelstahl gleichmäßig auf die Wand (oder den Boden) aufgezogen. Die mit Kleber beschichtete Fläche sollte etwa so groß sein, daß sie für 6 bis 10 Fliesen ausreicht. Mit einem Zahnspachtel wird der Kleber anschließend wellenförmig durchgekämmt. Dadurch erreicht man, daß der Kleber über die ganze Fläche gleichmäßig dick verteilt wird. Die Zahntiefe des Zahnspachtels richtet sich nach der Kantenlänge der Fliesen sowie der Rauhigkeit der Wand und der Rückseite der Fliesen. Grundsätzlich gilt die Regel: Je größer die Fliese und je gröber das Profil auf der Rückseite, um so gröber ist die Zahnung. Die Zahnung soll so gewählt werden, daß eine Klebfläche von mindestens 65 % der Fliesenfläche erreicht wird. Man kann dies kontrollieren, indem man die Fliese nach dem Andrücken noch einmal von der Wand nimmt.

Beim Fliesenbedarf sind 5 % Verschnitt berücksichtigt. Der Verbrauch an Fugenmör-

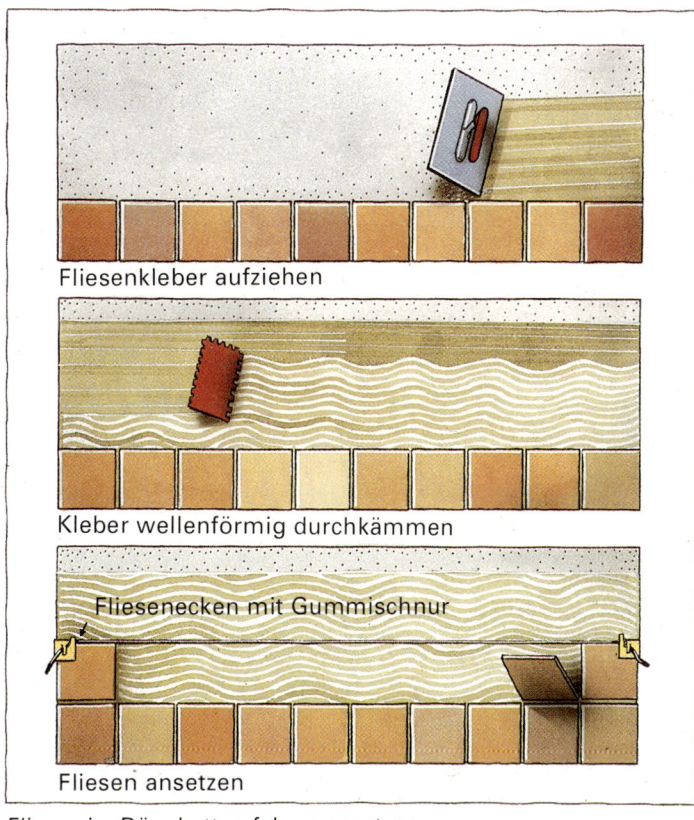

Fliesenkleber aufziehen

Kleber wellenförmig durchkämmen

Fliesenecken mit Gummischnur

Fliesen ansetzen

Fliesen im Dünnbettverfahren ansetzen

Kantenlänge der Fliese (in cm)	Zahntiefe (bei quadratischer Zahnung) (in mm)
bis 5	3
6 bis 10	4
11 bis 20	6
über 20	8

Überschlägiger Materialbedarf beim Fliesen			
	Fliesen (Stück)	Klebemörtel (g je m^2)	Fugenmörtel (g je m^2)
Fliesen 10,8 x 10,8	91	2 700	800
Fliesen 15 x 15	47	4 000	700
Fliesen 10 x 20	53	4 000	1 300
Mosaik		2 000	800

tel ist stark abhängig von der gewählten Fugenbreite.
Jetzt können die Fliesen angesetzt werden. Der Anfang wird in der unteren Reihe gemacht. Die waagerechte und senkrechte Ausrichtung wird immer wieder mit der Wasserwaage kontrolliert. Nach dem Setzen der jeweils ersten Fliese rechts und links kann die Gummischnur gespannt und die Fliesenreihe an ihr ausgerichtet werden. Die Breite der Fuge kann mit einem entsprechend zugeschnittenen Hölzchen, das man zwischen die Fliesen schiebt, eingehalten werden. Wenn der Fliesenkleber nicht zu dünn ist, bleiben die Fliesen sofort in ihrer Lage an der Wand haften. Sollten sie nach unten rutschen, wird für kurze Zeit ein Hölzchen zwischengelegt, bis der Kleber angezogen hat. Bei Zahnungen über 4 mm werden die Fliesen nicht nur angedrückt, sondern zusätzlich angeklopft, damit sich der Kleber in das Profil der Fliesenrückseite drückt. Im Baustoffhandel sind Fliesenkreuze aus Kunststoff in verschiedenen Dicken erhältlich, die beim Ansetzen der Fliesen mit eingelegt werden. Dadurch soll eine gleichmäßig breite Fuge erreicht werden. In der Praxis klappt das jedoch nicht besonders gut, da die Kantenlängen der Fliesen geringfügig voneinander abweichen und die Lage der Fliesen immer wieder nach Augenmaß ausgeglichen werden muß. Wenn einige Fliesen nicht richtig sitzen, können sie innerhalb der ersten 10 Minuten noch ausgerichtet werden.

Verfugen

Fugenmörtel

Als Fugenmörtel können unterschiedliche Materialien verwendet werden. Im Handel wird der Fugenmörtel in unterschiedlichen Verpackungsgrößen in der Regel als Fugenweiß, Fugengrau oder Fugenbunt angeboten. Die Grundlage dieser Fugenfüller ist Weißzement. Der Fugenfüller ist für Fugen bis 4 mm geeignet, bei breiteren Fugen neigt er zur Rißbildung. Es muß dann ein besonders geeigneter Fugenmörtel verwendet werden, der beispielsweise unter der Be-

zeichnung Fugenbreit angeboten wird und für Fugen von 4 bis 12 mm Breite geeignet ist. Für Bodenfliesen kann man sich einen sehr guten und zugleich preiswerten Fugenmörtel auch selber aus Quarzsand und Zement im Verhältnis 1:4 anmischen. Quarzsand ist ein besonders feinkörniger getrockneter Sand, der ebenfalls sackweise im Baustoffhandel erhältlich ist. Weiße und graue Fugenfüller können innen und außen, auch in Schwimmbecken, verwendet werden. Farbige Fugenfüller sollten nur im Innenbereich eingesetzt werden, da sich die Farben durch Witterungseinflüsse mit der Zeit verändern.

Fugenbunt mit Gummirakel in die Fugen drücken

Fugenmörtel mit Wischer einbringen

Verfugen von Wand- und Bodenfliesen

So wird verfugt

Wenn die geklebten Fliesen ausreichend fest sitzen, kann gefugt werden. Das ist bei Klebemörtel nach 3 Tagen der Fall, bei schneller abbindenden Klebern entsprechend der Gebrauchsanleitung. Der Fugenmörtel wird in Wasser eingestreut und durchgerührt, bis eine klumpenfreie cremige Masse entsteht. Bei farbigen Fugenfüllern muß besonders gut durchgemischt werden, bis die Masse eine gleichmäßige Farbe hat. Die ausgekratzten Fugen werden vorgenäßt und gesäubert. Der Fugenfüller wird mit dem Fugengummi oder Gummiwischer kreuz und quer in die Fugen eingearbeitet. Alle Hohlräume sollen gut gefüllt werden, in den Raumecken wird besonders sorgfältig nachgearbeitet. Überschüssiges Material wird diagonal zur Fuge abgenommen. Wenn die eingebrachte Fugenmasse fester wird und sich nicht mehr auswaschen und herausreiben läßt, wird die Fläche mit einem Schwamm und reichlich Wasser gereinigt. Bei den breiteren Fugen der Bodenfliesen kann zum Nacharbeiten auch trockener Fugenmörtel oder Quarzsand genommen werden. Nun kann die Fugenmasse trocknen und erhärten. Mit einem Lappen wird der dünne Film Fugenmörtel von der Oberfläche abgewischt, und der Fliesenbelag ist fertig. Die Verfugung soll vor starker Sonneneinstrahlung und Wärme geschützt werden, damit sie ausreichend Feuchtigkeit zum Abbinden behält. Die verfugten Flächen mehrmals anfeuchten, um eine ausreichende Erhärtung zu erreichen.

Farbige Fugenfüller

Bei farbigen Fugenfüllern kann es vorkommen, daß in den fertigen Fugen leichte Farbtonunterschiede zu sehen sind. Die Fugenfüller werden zwar bei der Herstellung gut und gleichmäßig gemischt, Unterschiede in der Verarbeitung können das Aussehen aber beeinträchtigen. Der Fugenfüller soll für Fugen in der gleichen Fläche immer in der gleichen Konsistenz angemacht werden, da Unterschiede im Verhältnis Wasser zu Zement Farbtonunterschiede verursachen können. Die Fugenmasse muß gleichmäßig schnell trocknen. Unterschiedliche Trockengeschwindigkeit beispielsweise durch Wärmeeinwirkung kann ebenfalls Farbtonschwankungen verursachen. Unglasierte oder unvollständig glasierte Fliesenkanten saugen Wasser aus dem Fugenfüller, teilweise auch unterschiedlich stark. Auch dadurch kann durch die beschleunigte Trocknung der Farbton verändert werden. Vor allem bei dicken Fliesen muß deshalb immer wieder nachgewässert werden, hilfreich ist es auch, vor dem Verfugen die Fugen gründlich vorzunässen. Nicht durchgetrockneter Verlegemörtel kann ebenfalls Farbtonveränderungen verursachen, da auch der Mörtel durch Wasserabgabe einen Einfluß auf die ungleichmäßige Trocknung der Fuge hat. Farbige Fugen können den Farbton auch noch nach dem Aushärten bei der Benutzung verändern. Fugen, die beispielsweise in Duschen lange feucht bleiben, können ihren Farbton verändern. Es soll deshalb immer für ein zügiges Trocknen der Plattenoberfläche gesorgt werden.

Elastische Fugen

Überall, wo die Gefahr besteht, daß die Fugen durch Dehnung oder Bewegung reißen können, wird mit elastischem Fugenfüller gefugt. Das sind Dichtmassen aus Silicon oder Polyurethan, die in Kartuschen geliefert und mit einem Spritzgerät verarbeitet werden. Elastische Fugenfüller werden in Weiß und Grau sowie unterschiedlichen Sanitärfarben hergestellt, sie können daher farblich passend zu den starren Fugen ausgewählt werden. Elastische Fugen sind vor allem notwendig beim Übergang von Wandfliesen zu Bade- und Duschwannen sowie beim Übergang von Wandfliesen auf Bodenfliesen bei Böden mit Fußbodenheizung. Durch die immer wieder wechselnde Temperatur dieser Bauteile würde ein starre Fuge nach kurzer Benutzung reißen, und Feuchtigkeit und Schmutz könnten eindringen. Diese Fugen werden deshalb beim Fugen zunächst ausgespart oder, wenn nötig, ausgekratzt. Wer keine Übung im Umgang mit der Spritzkartusche hat, sollte die Fuge seitlich in der vollen Länge mit einem Klebeband so abkleben, daß ein schmaler Fliesenstreifen von etwa 2 mm rechts und links der Fuge freibleibt. Von

Ausspritzen der Fuge am Waschbeckenrand

Elastische Fugen am Wannenrand

Ausfüllen einer Bewegungsfuge am Boden

der Kartuschenspitze wird mit einem scharfen Messer soviel abgeschnitten, daß eine Öffnung von etwa 4 bis 5 mm Durchmesser entsteht. Schräges Abschneiden der Spitze erleichtert beim Fugen die Führung der Kartusche. Die trockene Fuge wird nun gleichmäßig mit einer langsam ziehenden Bewegung der Kartusche so ausgespritzt, daß sie voll gefüllt wird. Abbrechen und erneutes Ansetzen innerhalb einer Fuge lassen die Oberfläche wellig werden. Es wird so viel Fugenfüller ausgepreßt, daß die Oberfläche gleichmäßig glatt wird und nicht zuviel Material aufgetragen wird. Gerade bei den ersten Versuchen wird das nicht perfekt gelingen. Es ist deshalb empfehlenswert, an einer Stelle zu üben, die später nicht gut zu sehen ist, bevor man richtig loslegt. Sollte die Oberfläche nicht gleichmäßig genug werden, kann sie noch mit dem Finger glattgestrichen werden. Damit die Fugmasse nicht am Finger klebt, wird er bei der Arbeit immer wieder in mit Spülmittel vermischtem Wasser angefeuchtet. Nach dem Antrocknen des elastischen Fugenfüllers, etwa nach einem Tag, kann abschließend das Klebeband abgezogen werden.

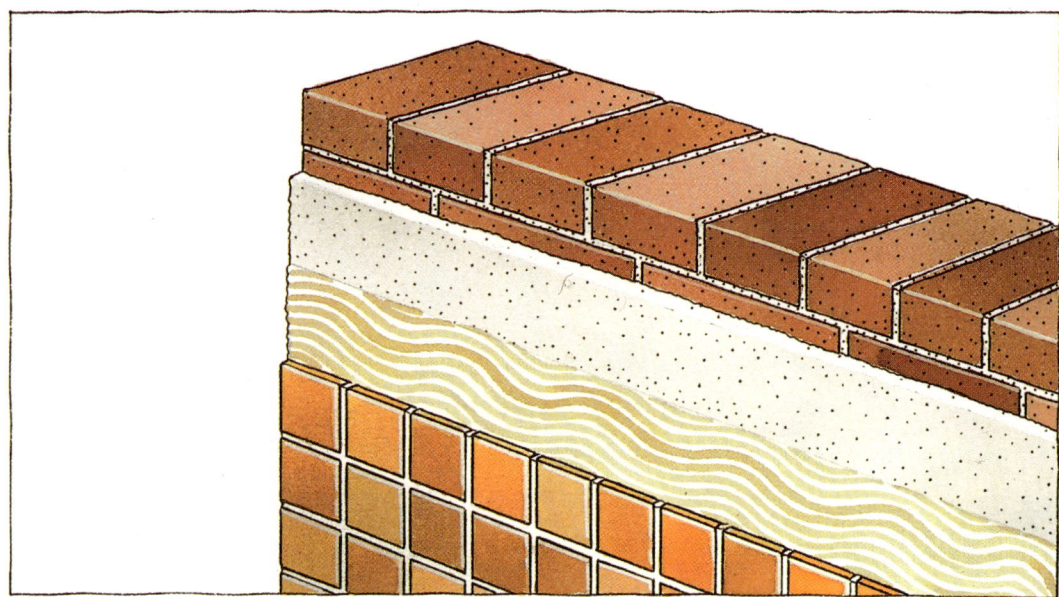

Mit Kleber, der mit Kunststoffemulsion vergütet ist, kann auch auf alten Fliesenflächen und anderen nichtsaugenden Untergründen gefliest werden

Arbeitsbeispiele

Neue Fliesen auf alte kleben

Bei der Renovierung eines Badezimmers oder einer Küche kann man es sich ersparen, die alten Fliesen abzuschlagen, und die Fliesen direkt auf den alten Belägen verlegen. Dazu darf allerdings kein hydraulisch abbindender Klebemörtel verwendet werden. Als Kleber wird ein Kunststoffdispersionskleber benutzt, der besonders gut haftet. Die für das Verlegen auf alten Fliesenbelägen und anderen nicht saugfähigen Untergründen geeigneten Kleber sind auf der Verpackung besonders gekennzeichnet. Durch den hohen Kunststoffgehalt und die damit verbundenen guten Eigenschaften kann dieser Kle-

ber auf ebenen Untergründen sehr dünn aufgetragen werden. Unebenheiten können nur bis etwa 1 mm ausgeglichen werden, größere Unebenheiten müssen vor dem Kleben gespachtelt werden. Die alten Fliesen müssen vor dem Kleben der neuen gründlich gereinigt werden, damit sie fettfrei sind und einen guten Haftgrund ergeben. Mit einem Edelstahlglättbrett oder einem Spachtel wird auf die alte Fliesenfläche eine dünne Kleberschicht aufgetragen. Dadurch wird die Haftfähigkeit verbessert und kleine Unebenheiten werden geglättet. Nach dem Trocknen wird mit einem feinen Zahnspachtel der Kleber aufgetragen, danach werden die Fliesen verlegt. Wenn der Kleber ausgehärtet ist, kann zum Abschluß der Arbeit wie üblich gefugt werden.

Auf Holzuntergrund fliesen

Alte Holzböden haben zwei Eigenschaften, die das Verlegen von Fliesen erschweren: Sie sind häufig nicht ganz eben, sie hängen zum Teil sogar durch, und sie bewegen sich unter der Belastung von Menschen und Gegenständen. Vor Beginn der Fliesenarbeiten müssen sie deshalb ausgeglichen werden. Wenn der Boden einigermaßen eben ist, kann es reichen, (mindestens 22 mm dicke) wasserfeste Spanplatten mit dem Boden zu verschrauben. Die Schrauben werden im Bereich der Balken eingedreht, vor dem Auslegen der Spanplatten müssen die Balken gekennzeichnet werden, damit man ihre Lage beim Auslegen auf die Spanplatten übertragen kann. Kleine Unebenheiten in der Boden-

Zum Fliesen auf Holzböden wird mit einer verschraubten Spanplatte ein tragfähiger Untergrund hergestellt

Eine Fußbodenheizung

Fußbodenheizungen stellen besondere Ansprüche an den Kleber und die Fliesen, da sich der Boden durch wechselnde Erwärmung und Abkühlung immer wieder dehnt und zusammenzieht. Die ganze Estrichplatte bewegt sich darüber hinaus, so daß auch der Übergang von Wand- zu Bodenfliesen eine kritische Zone ist. Der Estrich, in dem die Heizschlangen der Fußbodenheizung liegen, wird beim Anmischen mit Zusätzen verbessert, die häufig vom Systemanbieter der Fußbodenheizung mit angeboten werden. Durch diese Zusätze wird der Estrich elastischer und kann die Wärmespannungen aufnehmen, ohne zu reißen. Fliesen sind grundsätzlich gut geeignet, um auf einem Estrich mit Fußbodenheizung verlegt zu werden, da sie die Wärme gut leiten und damit einen guten Wirkungsgrad der Heizung ermöglichen. Eine Fußbodenheizung unter dem Fliesenbelag ist andererseits auch sehr angenehm, da er dem Boden die Fußkälte nimmt. Die Fußbodenheizung ist deshalb für Badezimmer und ähnliche Räume empfehlenswert. Die ganze Wohnfläche eines Hauses sollte allerdings nicht mit Fußbodenheizung versehen werden, da die gleichmäßig erhöhte Temperatur des Bodens ermüdend auf Füße und Beine wirkt. Damit die Wärmespannungen des Estrichs nicht auf die Fliesen übertragen werden, sollten sie mit Fliesenmörtel verlegt

fläche bis etwa 10 mm können vorher mit Bodenspachtel ausgeglichen werden, damit die Fliesen ganzflächig aufliegen. Müssen größere Unebenheiten ausgeglichen werden, werden die Spanplatten auf einer Konterlattung verschraubt. Zur Dämmung von Geräuschen liegen die Latten auf Filzstreifen. Mit Keilen, auf Maß zugeschnittenen Holzklötzchen oder Pappstreifen werden die Latten in Waage ausgerichtet. Die Zwischenräume werden mit Dämmstoff ausgefüllt. Zum Auslegen größerer Räume werden Spanplatten mit Nut und

Feder gewählt, die in den Stößen miteinander verleimt werden. Vor dem Fliesen werden die Spanplatten mit Tiefgrund grundiert. Die Fliesen werden mit einem Elastikkleber verklebt, der auch nach dem Durchtrocknen eine gewisse Elastizität behält und verhindert, daß sich die Fliesen bei leichten Bewegungen des Bodens lösen.
Gefugt wird zum Abschluß der Arbeiten mit einem üblichen Fugenfüller.

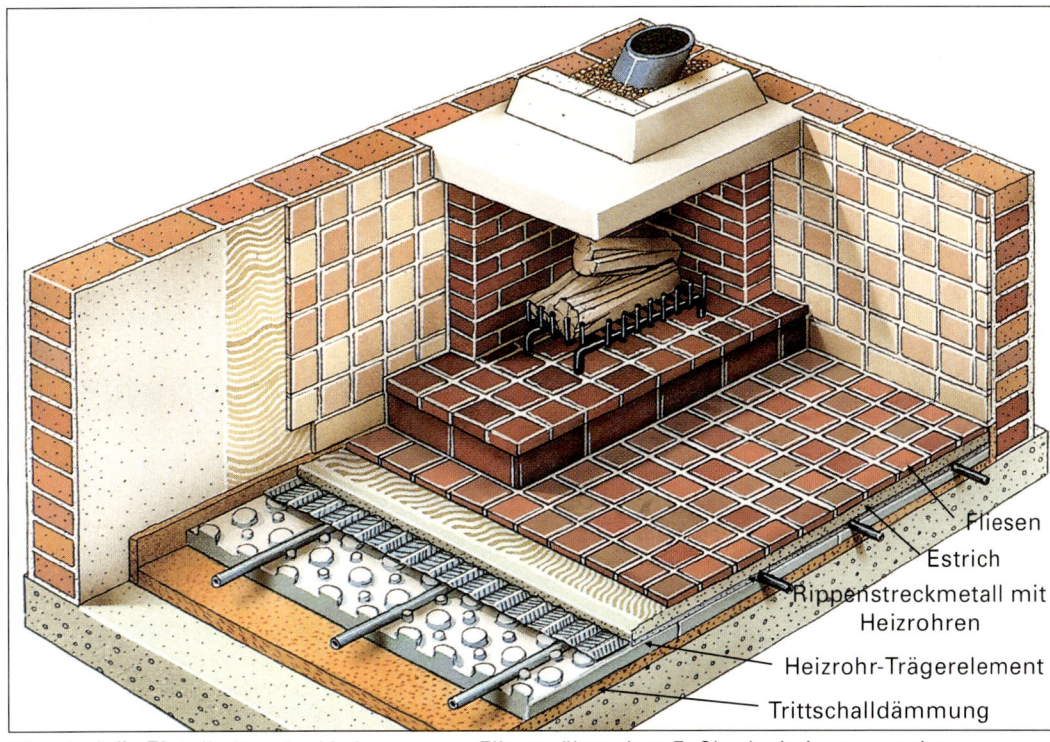

Fliesen
Estrich
Rippenstreckmetall mit Heizrohren
Heizrohr-Trägerelement
Trittschalldämmung

Hier sind die Einzelheiten der Verlegung von Fliesen über einer Fußbodenheizung zu sehen

werden, dem eine Elastikemulsion beigemischt wird. Dadurch wird die Haftung der Fliesen deutlich verbessert. Die Fliesen können auch mit Elastikkleber verlegt werden, der gleichzeitig den Untergrund gegen Wasser abdichtet. Das kann sinnvoll sein, wenn beispielsweise der Boden einer Duschecke gefliest werden soll, anstatt eine Duschwanne einzubauen. Die Fugen können auch über einer Fußbodenheizung mit dem üblichen Fugenfüller gefugt werden. Für Fußböden sollte man keine weißen oder bunten Fugenfüller verwenden, sondern nur Grau. Die Fugen sind auf Böden durch Schmutz besonders belastet und werden im Laufe der Zeit von selbst

grau. Bei farbigen Fugen wird auch die Farbe durch feuchtes Wischen des Bodens stark beeinträchtigt. Der Übergang von den Bodenfliesen zur Wand wird mit dauerelastischem Dichtungsmittel abgespritzt. Die Fuge wird im Winkel von 45 Grad etwa 1 cm breit ausgefüllt. Dadurch ist sie gut in der Lage, Bewegungen des Bodens auszugleichen.

Eine Küchenarbeitsplatte

Gefliese Arbeitsplatten in der Küche haben eine besondere Wirkung und sind gegen Verschleiß oder Beschädigungen auch beständiger als eine Kunststoffarbeitsplatte. Als Untergrund wird eine wasserfest verleimte Spanplatte von mindestens 30 mm Dicke genommen. Gut geeignet ist auch eine Kunststoffarbeitsplatte, die bei der Renovierung einer Küche möglicherweise schon passend vorhanden ist. Diese Platte sollte allerdings keine abgerundete Vorderkante haben, sondern scharfkantig sein. Vor Beginn der Fliesenarbeiten werden alle erforderlichen Ausschnitte für Herd,

Fliesen einer Küchenarbeitsplatte

Spüle und Lüftungsgitter in die Platte gesägt. Dann wird die Platte mit den Küchenmöbeln verschraubt. Werden mehrere Platten verwendet, müssen die Stöße sorgfältig miteinander verbunden werden, damit sich die Platten an diesen Stellen nicht gegeneinander bewegen. Die Fliesen werden auf den Holzplatten mit einem Elastikkleber verklebt, der auch nach dem Durchtrocknen eine gewisse Elastizität behält und gleichzeitig einen Schutz gegen Durchfeuchtung der Platte bildet. Bei üblicher Belastung und Pflege der Arbeitsplatte kann als Fugenfüller der übliche Fugenmörtel verwendet werden. Verfärbungen durch Lebensmittel, Säuren oder Laugen werden sich im Lauf der Zeit nicht verhindern lassen, es sollte deshalb auf keinen Fall weiß oder bunt gefugt werden. Eine höhere Beständigkeit erreicht man, wenn die Fliesen mit Epoxidharzkleber geklebt und auch die Fugen mit diesem Kleber gefüllt werden. Diese Art der Verlegung ist aber eher für professionell genutzte Küchen oder Ar-

beitsplätze in Laboren gedacht. Darüber hinaus können auch die Fugen der Wandfliesen im Bereich der Küchenarbeitsplatte mit Epoxidharzkleber gefugt werden, um eine gute Beständigkeit gegen alle Spritzer zu erreichen.

Ein Hauseingang

Als Beispiel für das Verarbeiten von Spaltklinkern im Außenbereich wird hier das Fliesen eines Hauseingangssokkels beschrieben. An die Klinker werden besondere Anforderungen gestellt: Sie müssen frostsicher sein und besonders abriebfest. Bei Spaltklinkern gibt es immer wieder Angebote zweiter Wahl, das sind in der Regel Fehlbrände mit Farbabweichungen und möglicherweise auch Maßungenauigkeiten. Diese sind ebenfalls gut geeignet, wenn sie als frostsicher ausgezeichnet sind. Der Vorteil ist ein häufig deutlich niedrigerer Preis. Als Kleber wird ein Fliesenkleber gewählt, der für den Außenbereich geeignet ist. Der Kleber

wird mit einer Zahnkelle mit einer Zahnung 4 x 4 x 4 oder 6 x 6 x 6 mm aufgetragen. Betonplatten als Untergrund sind häufig nicht besonders eben. Ungenauigkeiten bis zu 10 mm in der Oberfläche werden vor Beginn des Fliesens mit Fliesenkleber ausgeglichen. Bei stärkeren Unebenheiten muß mit Mörtel ausgeglichen werden. Die Betonplatte muß ausreichend tragfähig und sauber sein. Sie kann feucht sein, aber nicht naß, da sonst der Fliesenkleber in seinen Eigenschaften verändert wird. Zunächst wird die Anordnung der Fliesen geplant. Es wird angestrebt, die Klinker und die Fugen in der Breite so auszugleichen, daß die Klinker möglichst nicht geschnitten werden müssen. Dabei kann die Fugenbreite etwa 3 bis 6 mm betragen. Zum Ausrichten wird eine Latte als Unterlage genommen, zum genauen Ausrichten mit der Wasserwaage wird Sand unterfüllt. Auf der Latte können mit einem Bleistift die Fliesen und Fugenbreiten angezeichnet werden, so daß man beim Kleben nicht mehr nachmessen muß, sondern sich nur nach den Markierungen richtet. Falls die Fliesen geschnitten werden müssen, werden sie soweit wie möglich vorbereitet, damit das Kleben zügig von der Hand geht. Die erste Fliese wird an der Ecke angesetzt, dabei ist der Ecküberstand zu beachten. Leicht mit dem Gummihammer festklopfen. Die zweite Fliese wird bündig angesetzt. Jetzt werden die Fliesen an der gegenüberliegenden Seite geklebt, und die Gummischnur wird quer über die Stufe gespannt. Die Fliesen werden an der Gummischnur entlang zunächst an der Kante und anschließend in der Fläche geklebt, dabei muß das Verlegemuster beachtet werden. Wenn die obere Stufe fertig ist und der Fliesenkleber angezogen hat, werden die Latten entfernt, die nächste Stufe wird gereinigt und zum Fliesen vorbereitet. Dazu werden wieder die Latten ausgerich-

Das Maß für die Unterkante der Fliesen wird durch eine waagerechte Latte festgelegt

Die zweite Fliese wird bündig mit Überstand zur ersten Fliese gesetzt

An der gegenüberliegenden Seite werden ebenfalls zwei Fliesen geklebt, dann die Gummischnur spannen

Die erste – ungeschnittene – Fliese wird an der Ecke angesetzt

Die Fliesen werden entlang der Gummischnur geklebt

tet, und die Einteilung der Fliesen wird geplant. Der Kleber wird mit dem Zahnspachtel aufgetragen, und die Fliesen werden entsprechend dem Verlegemuster der oberen Stufe geklebt. Nach 2 Tagen Trockenzeit wird gefugt, und die Fliesen werden mehrmals mit einem trockenen Schwamm abgewaschen.

Die senkrechten Fliesen klebt man der Reihe nach an der Latte entlang

Nach zwei Tagen wird gefugt

Mit einem Schwamm werden die Fliesen gereinigt. Um die Fugen vor Beschädigung zu schützen, sollte mit der Benutzung der Stufen mindestens eine Woche gewartet werden

Register

Die gut eingeführte DO-IT-YOURSELF-Reihe von FALKEN
bietet Selbermachern praxisbezogenes Fachwissen. Fragen
Sie Ihren Buchhändler.

ISBN 3 8068 1159 8

Titelbild: Pool Gesellschaft für Werbefotografie mbH,
Griesheim
Zeichnungen: Ingrid Hecht, Grafikdesign Illustration,
Hannover; Henkel Bautechnik GmbH (auf folgenden Seiten:
22, 75, 76, 80−98)
Die Ratschläge in diesem Buch sind vom Autor und vom Ver-
lag sorgfältig erwogen und geprüft, dennoch kann eine Garan-
tie nicht übernommen werden. Eine Haftung des Autors bzw.
des Verlags und seiner Beauftragten für Personen-, Sach- und
Vermögensschäden ist ausgeschlossen.
Satz: Publishing 2000, Angela Fromm, Idstein
Druck: Uhl GmbH, Radolfzell

817 2635 44